私らしく
わがままに
本当の幸せと出逢う
100の質問

<small>質問家</small> 河田真誠

ずっと、幸せを探してる。

いい学校に入れば……
いい会社に入れば……と
がんばってきた。

仕事も
人付き合いも
自分磨きも
たくさんやってきた。

おかげで
たくさんのものを
手に入れた。

でも……

おいしいものを食べても
流行(はや)りの服を買っても
友達とワイワイ遊んでも
なんだか満たされない……

本当はイヤなのに
本当は寂しいのに
本当は不安なのに
そんな気持ちに蓋をしてしまう……

本当は自分らしく生きていきたいけど
取り残されないか
嫌われたりしないかと
不安になっちゃう……

本当の幸せって
どこにあるんだろう？

自分の人生を取り戻そう。

「誰かが言った」からではなく
「あなたが思った」から。

「誰かのため」ではなく
「あなたのため」に。

「誰かみたい」にではなく
「もっとあなた」らしく。

誰かに押し付けられた道ではなく
あなたが心から望む道を。

あなたが進む道は
みんなとは違う道かもしれない。

でも

わがままでいい。
自己満足でなにが悪い?

人生の主役は「あなた」なんだから。

かわいいあなたも
ダメなあなたも
ぜんぶ、あなた。

ハッピーにするのも
つまらなくするのも
ぜんぶ、あなた。

自分らしく生きることは
時には恐いことかもしれない。

ひとりぼっちになるかもしれない。

それでも
自分を幸せにすることから逃げないでね！

本当の幸せは
あなたの心の中にある。

だけど……

心の声は
ひとりぼっちにしておくと
どんどん聞こえなくなっちゃう。

自分の心とたくさん会話しよう。

もう迷わないように
もっと自分と仲よくなれるように
心からの幸せに出逢えるように。

ようこそ
「本当の私」と出逢う旅へ。

「この本の使い方」

この本では、あなた自身と対話するための質問を用意しました。
質問に答えていくことで、自分の心の中を旅することができますよ。

進めていく上で大切な3つのルールを紹介します。

① 答えは紙に書き出す

質問は、頭の中で考えるだけではなく、紙に書き出してください。
頭の中にあるものを書き出すことで、自分を客観的に見つめることができます。

② どんな答えも正解

ここで紹介する質問には「正解」はありません。
「周りの人はどう思うかな？」と気になるかもしれませんが
大切なのは、「あなた自身がどう考えるか」であって、「他人の答え」ではないのです。
「合っているかどうか」ではなく「納得がいくかどうか」を大切に。

また、答えが出なくても大丈夫です。
答えも大切なのですが、
じっくりと自分と向き合う時間に価値があります。
丁寧に納得のいく答えを探してください。

③ 何度も楽しむ&他の人の答えも楽しむ

質問は、その時々の自分にとっての最高な答えを導きます。
1度答えて終わりではなく、何度も何度も答えて、
自分の答えの変化も楽しんでみてください。

また、他人の答えを聞くと発想が広がるのでオススメです。
友達の答えも聞いてみて「そんな発想もあるんだな」と
自分の答えとの違いを楽しんでみましょう。

ただし、いきなり他人の答えを聞いてしまうと、無意識に影響を受けてしまうので、まずは、じっくりと自分の答えを考えてみてください。

CONTENTS 目次

019 第1章 「幸せ」 幸せは、どこにありますか?

043 第2章 「愛」 愛って、なんですか?

067 第3章 「夢」 なにを叶えたいですか?

091 第4章 「悩み」 どうやって、悩みにサヨナラしますか?

115 第5章 「お金」 どうすれば、お金から自由になれますか?

139 第6章 「自分を好きになる」 自分のこと、愛していますか?

163 第7章 「自分を磨く」 どうすれば、最高の私になれますか?

187 第8章 「仕事」 どうすれば、仕事は最高に楽しくなりますか?

211 第9章 「人間関係」 どうすれば、よりよい関係になりますか?

235 第10章 「毎日」 今日は、どんな1日にしますか?

100 Questions

by
Shinsei Kawada

私らしく
わがままに
本当の幸せと出逢う
100の質問

質問家 河田真誠

Q1-10
Happiness
「幸せ」
P19-41

Q11-20
Love
「愛」
P43-65

Q21-30
Dream
「夢」
P67-89

Q31-40
Problems
「悩み」
P91-113

Q41-50
Money
「お金」
P115-137

Q51-60
Love myself
「自分を好きになる」
P139-161

Q61-70
Development
「自分を磨く」
P163-185

Q71-80
Work
「仕事」
P187-209

Q81-90
Relationship
「人間関係」
P211-233

Q91-100
Everyday
「毎日」
P235-257

100 Questions

第 1 章

「幸せ」

幸せは、どこにありますか？

第1章 「幸せ」

自分からなにかを変えていこう。

うまくいっても、いかなくても
今より満足できる自分に
必ず逢えるから。

いつか白馬の王子が現れるはず……
いつか宝くじがあたるはず……
いつか幸せになるはず……

待っていても「いつか……」は来ません！

同じ人と、同じ時間を過ごし、同じことを考えていたのでは
なにも変わらない明日がやってきます。

人生は、よくも悪くも、あなたが選んだものでできています。

もし、思わしくない現実がそこにあるなら

誰かが変えてくれるのをじっと待つのではなく
今、この瞬間から
幸せに生きていくことを決めて
選び求めるものを自分で変えていきましょう。

自分の幸せを諦めてはいけないし
逃げてもいけません。
あなたには、あなたを幸せにする責任があります。

人生は、あなたの思い通り。

わがままでも、自己満足でもいい。
あなたの心が満たされていることが大切です。

自分自身をもっと幸せにするために
自分からなにかを変えていきましょう。

Question：1

もし、なんでも自由だとすれば
なにをどう変えてみたいですか？

心の中から「○○しなくては」や「○○するべき」を追い出して
「○○したい」で、人生をいっぱいにしましょう！

第1章 「幸せ」

幸せとは
なにを持っているか
どれくらい持っているかではない。

あるものを見れば
今すぐ幸せになれるし

ないものを見ていれば
いつまでも幸せにはなれない。

今すぐ、幸せになる方法があります。
それは「今ある小さな幸せ」に目を向けることです。

窓から差し込む太陽の光が気持ちいい！
メイクや髪形がうまく決まった！
たまたま入ったカフェのランチがおいしかった！

ちょっと意識するだけで
毎日は、すでに幸せで溢れていることに気づけるはずです。

逆に、不幸な人は
いつも足りないところを見ています。

それだと、どれだけ多くの物を手にしても
心はいつまでも満たされることはありません。

幸せは
「なる」ものではなく
「感じる」ものなのです。

今ある幸せを感じることができない人は
どんな状態になったとしても
幸せに満たされることはないでしょう。

些細なことに幸せを見い出せるように
いつも自分の感度を磨いておきたいですね。

Question : 2

どんな時に「幸せだなー」と感じますか?

「ほっこり」「じんわり」がキーワード。
ほら、たくさんの幸せが溢れているでしょう?

第1章 「幸せ」

「べき」「しなくては」
という選択をすると
人生は、どんどん窮屈になって

「したい」を選択すると
人生は、どんどん自由になる。

選ぶものが変われば、行動も変わり、現実も変わっていくので
人生を変えるには、選ぶものを変えることです。

あなたには2つの選択があります。

1つは、「○○べきである」や「○○をしなくては」という「怖れの選択」です。

仕事をしなくてはならない。
女はこうあるべきだ。
といったようなものです。

怖れの選択をすると考えなくていいので、とても楽ですが
本当はやりたくないことを仕方なくやるので、心は疲れてしまいます。

もう1つは、「○○したい」という「愛の選択」です。

仕事をしたい。
女としてこうありたい。

愛の選択をすると、グチや不満はなくなり
自分を大切に、すっきりと気持ちよく生きていくことができます。

今、目の前にある「選択」は、「愛」なのか「怖れ」なのか
自分でしっかりと意識してくださいね。

Question：3

あなたの中にある「怖れの選択」はなんですか？

その怖れの選択が、どうすれば愛の選択に変わるかも考えてみてくださいね。

第1章 「幸せ」

あなたの「普通」と みんなの「普通」は違って当たり前。 それが自分を大切に生きている証拠。

みんながそう言っているから。
みんながそう思っているから。
みんながそうしているから。

ついつい周りの目や意見が気になって
油断すると頭の中は「他人」でいっぱいになってしまいます。

「みんなと一緒」は安心かもしれないけど
本当に多くの「本当の自分」を失くしてしまいます。

人生という旅の主役はいつもあなたです。

とやかく言ってくる人もいるでしょうが
そんなことには惑わされてはいけません。

常識は、ただの多数決でしかないし
いくら周りを気にしても、誰も責任を取ってくれないのだから。

大切なことは
あなたの心が満たされているかどうか。
あなたが幸せであるかどうかということ。

それは本当に大切なのか。
それは本当にやりたいことなのか。
それは本当に望んでいることなのか。

自分の心に従って生きていこう。

Question：4

違和感を感じていることはなんですか？

どうすればその違和感がなくなるかも考えてみましょう！ 自分の心に従って
いくと、グチや不平不満がなくなって、心軽く、スッキリ生きていけますよ！

第1章 「幸せ」

悲しいものは悲しいし
イヤなものはイヤでいい。

自分をごまかして生きる方が
悲しいし、イヤなことだ。

本当は悲しいのに
本当は怒っているのに
本当はイライラしているのに
本当は落ち込んでいるのに

こんな私じゃダメだ……と
その気持ちを押し殺していませんか？

周りには気づかれなくても
もっとも大切にすべき「あなた」は
気持ちを押し殺したことを知っていて
それは心の奥底にどんどん溜まっていきます。

そもそも感情自体には
「正も負も」「いいも悪いも」ないのだから
ごまかさなくていいのです。

小さな気持ちを押し殺すことに慣れてくると
心の感度がどんどん低くなっていき、迷子になってしまいます。
自分の気持ちに素直になりましょう。

ただし、感情に飲み込まれてはいけません。

「私は、こういう時にイライラするんだな」と
まるで映画の主人公を見るように
客観的に自分を見つめるのです。
それができれば、どんどん自分との付き合い方が上手になって
いきます。

Question: 5

どんな時にイヤな気持ちになりますか？

相手に伝えなくてもいいので、どんな時も自分が今なにを感じているかに
は、常に敏感でいよう。そして、その気持ちをごまかさないようにしよう。

第1章 「幸せ」

大丈夫。
これまでも
すべてはうまくいってきたし
これからも
すべてはうまくいく。

毎日を生きていると、つらいこともたくさんありますよね。
もうイヤだ！と逃げ出したくなることもあります。

しかし、人生を長い目で見てみると
その時には、とても苦しくつらい出来事でも
それがあるからこそ、人生はよりよいものになっていくのです。

倒産したからこそ、本当にやりたいことに気づけました。
大きな借金があったからこそ、お金のありがたみを知りました。
離婚をしたからこそ、本当の愛に気づくことができました。

不幸を知っているからこそ、幸せが輝きます。

失敗を知っているからこそ、成功に近づけます。

そう考えると、これまでも、これからも、すべてはうまくいくのです。

**神様はいつもあなたの味方で
あなたをもっと幸せにしよう！としてくれています。**

なにかつらいことやうまくいかないことがあっても
それは、今のあなたに必要だからこそ贈られたギフトなのです。

大丈夫です。すべてはうまくいっています。

Question : 6

これまでにあったつらい出来事から
なにを得ることができましたか？

得るものはない？ 本当にそうでしょうか？ その出来事を乗り越えたからこそ、もっとステキなあなたになれていることが必ずあるはずです。

第1章 「幸せ」

人は、ないものねだりをする。

「なにかを手に入れる」ということは
「なにかを失くす」ということ。

それは、
本当に欲しいものなのだろうか?

人の欲求って限りがありませんよね。
お金だって、愛だって、できるだけたくさん欲しいと思ってしまいます。

しかし、人生は振り子みたいなもので
なにかを得るということは、同時になにかを失くすということなのです。

夢を叶えて成功した人は
がむしゃらに夢見る気持ちを失くします。

田舎でのんびりした暮らしをすれば、都会の便利さはなくなります。

お金を求めて働きすぎれば、家族の時間を失くすかもしれません。

**なにかを手にする時には
同時に失くすものもあることを忘れてはいけません。
より多くのものを手にするということは
より多くのものを失くすということでもあります。**

本当に、それは欲しいものなのか？
本当に、そんなに多くのものが必要なのか？

大切なことは、求めるもののバランスです。
意味なく求めたり、多くを求めすぎたりするのではなく
自分に心地よい選択をしていきましょう。

Question: 7

どうなったら
心から「幸せだな」と思えますか？

自分の幸せの完成形をイメージしてみると、ベストなバランスが見えてきますね。お金も、愛も「過ぎる」と苦しくなるかもしれませんよ。

第 I 章 「幸せ」

もっとも大切なことは
もっとも大切なものを
もっとも大切にすること。

愛するパートナーと一緒に
世界中を旅する生活をしたいなと思いました。

しかし、お金がなかったので
一生懸命に仕事をすることにしました。

そのうち
仕事は軌道に乗り、収入は増えたのですが
仕事に夢中になっているうちに
愛するパートナーはいなくなってしまいました。

本当に大切なものを、ちゃんと大切にしたい。

なんのために生きているのか。
なんのために仕事をしているのか。
もっとも大切にしたいものは、なんなのか。
自分の中で明確にしておくといいですね。

どっちが大切かなんて比べられないものもあるでしょう。

しかし、あなたはひとりで、時間には限りがあります。
この人生の中で、本当に大切にしたいものを、ちゃんと大切に
しましょう。

大切なものほど、驚くほどカンタンに失くしてしまうものです。

Question: 8

もっとも大切なものはなんですか?

大切なものに気づいたら、今すぐ大切にする行動をしましょう。

第1章 「幸せ」

人生はドラマだ。
多少、浮き沈みがある方が
人生をドラマチックに楽しめる。

山登りをしたことがありますか？

少しでも高いところに登りたいと思うのですが
ずっと登り坂だと、すぐに疲れてしまって
そんなに高くまで登れないと思うんです。

時には平坦な道や、下る道があるからこそ
体力を回復させることができ、もっと高いところに登っていけます。

人生も同じようなものです。

嬉しいことや楽しいことだけあるといいのですが

それだと、薄っぺらいものになってしまい
深い幸せまでたどり着けません。

人生はドラマです。
浮き沈みを繰り返しながら登っていくのです。

つらいことも悲しいことも乗り越えていく中で
強さや優しさや愛を手に入れて
もっと大きな幸せを抱えきれる自分になっていくのです。

そう考えると、下り坂も悪くないですね。
まるごと全部、あなたの人生です。

Question: 9

もし、あなたの人生がドラマになるとすれば、今はどんなシーンですか？

つらいと感じている毎日も、長い単位で見てみれば、人生というドラマの中での意味や役割があることに気づけますよ。

第1章 「幸せ」

**どれだけ成功しても
どんな幸せを手にしても
不安はなくならない。**

いっそ、不安と親友になろう。

どんな人もはじめてのことは怖いものです。

でも、足を震わせながらも進んでいく「その一歩」が
未来を創っていきます。

背中を押してくれるのは「確信」ではありません。
叶うことが確実だから進んでいく道なんて
とてもつまらないものですよね。

背中を押してくれるものは
きっと、ワクワクだったり、愛だったり
そんな気持ちでしょう。

はじめから特別な人なんていなくて
どんな人だって、みんな
挑戦と失敗を繰り返しながら
特別な人生を創っていくのです。

そして、その旅に終わりはありません。

どれだけ進んでも、不安が消えることはなく
進んだ先にも、また新しい不安が待っているのです。

不安だからこそ、人は考え、成長をしていきます。
不安から逃げるのではなく、不安と友達になりましょう。

Question：10

どうすれば
一歩を踏み出すことができますか？

不安を感じて、それでも一歩を踏み出して……を繰り返すと、不安との付き合いも上手になります。不安な気持ちは、意外とシンプルでわかりやすいものですよ。

100Q
Column: 1

コラム：その1

反抗期を迎えよう。

これを大切にしなさい。
これはダメだよ。

私たちは小さなころから
そんなふうに、親や先生に育てられてきました。

生まれた時にはなにも知らなかった私たちも
おかげでちゃんと成長してこれました。

とってもありがたいことですよね。

でも
もしかすると、もう今のあなたには必要ないものかもしれません。

あなたが教えられてきたことは
あくまで、親や先生が大切にしていること。

それは
あなたが大切にしたいことではないかもしれません。

大人になるにつれて
自分の考えや好みもはっきりしてきます。

考え方も、違って当たり前ですよね。
大人になるということは
自分の人生に責任を持つということ。

自分の人生に責任を持つには
自分で納得のいく人生を歩んでいきたいですね。

親や先生など
これまであなたを育ててくれた人には
心からの感謝をしながら

これからは「自分がこう思うから」を大切に生きていきましょう!

Q1-10
Happiness
「幸せ」
P19-41

Q11-20
Love
「愛」
P43-65

Q21-30
Dream
「夢」
P67-89

Q31-40
Problems
「悩み」
P91-113

Q41-50
Money
「お金」
P115-137

Q51-60
Love myself
「自分を好きになる」
P139-161

Q61-70
Development
「自分を磨く」
P163-185

Q71-80
Work
「仕事」
P187-209

Q81-90
Relationship
「人間関係」
P211-233

Q91-100
Everyday
「毎日」
P235-257

100 Questions

第2章

「愛」

愛って、なんですか?

第2章 「愛」

愛は
求めるものでも
与えるものでもなく
ただそこにあるもの。

愛されたいなと思うことがあります。
愛したいなと思うこともあります。

しかし
愛って創ろうとして創れるものではなく
自然とそこに芽生えるものです。

キレイな花が咲いているとします。

花は「愛されたい」とも「愛したい」とも思ってなく
ただ咲いているだけ。
その花に触れる私たちの中に自然と「愛」が芽生えるのです。

愛されたい時に「愛してほしい」
愛したい時に「愛したい」と求めるのではなく

もっと、自分として生きましょう。
もっと、自分自身を愛しましょう。
そして、自分を幸せにしましょう。

そこに、愛は自然と生まれてきます。

Question: 11

どんな時に愛を感じますか?

そのシーンを増やすために、自分にできることを丁寧に。

第2章 「愛」

愛されていないのではない。

愛は雨のように降っているのに
傘をさしてはねのけているだけ。

傘を閉じれば
たくさんの愛を浴びられる。

どうせ、私はかわいくないし
どうせ、私は仕事もできないし
どうせ、私は愛嬌もないし
どうせ、私は家事だってできないし

だから、愛されないんだ……と
自分からの愛をはねのけていませんか？

本当はたくさん愛されているのに
「どうせ……」という壁をつくって
受け取っていないだけかもしれません。

完璧な人だけが愛されるわけではないですよね。
むしろダメなところがあるからこそ
そこに関わりが生まれて、愛が芽生えるのです。

今回の人生は
「あなた」という心と体で生きていくしかありません。

ステキなあなたも
ダメなあなたも
自分をまるっと受け止めて
自分を愛していきましょう！

Question：12

自分の愛おしいところはどこですか？

ダメな自分も受け止めると、味わいや愛嬌になりますよ。

第2章 「愛」

恋も愛も
頭ではなく
心でするもの。

「どんな人が好きなの？」

よく話題になることですよね。

「出逢いのチャンスを逃さないように
好きな異性の条件を100個書き出してみるといいよ」
そんなことを言われて、書き出してみたことがあります。

たしかに明確にはなったのですが
どれだけ考えても、心がワクワクしませんでした。

結局、私が辿り着いた答えは

「理由はわからないけど好きだと思える人がいい」でした。

愛って頭の中ではなく、心の中に生まれるもの。
言葉で書き出せるものではなく、なんとなく感じるもの。

条件で選ぶと条件で選ばれることになるし
条件なんて、自分の成長と共に変化しますよね。

そんな変化も一緒に味わえる人が
本当の愛を育める人かもしれませんね。

Question: 13

ふとした時に会いたくなる人は誰ですか?

自然と心の中で始まる愛を、頭で止めたくないですね。

第2章 「愛」

**勝手に期待して
勝手に押し付けて
勝手にがっかりする。**

愛の押し売りはやめよう。

いつもプレゼントをあげているのに……
いつも料理をしてあげているのに……
いつも大切にしてあげているのに……

なんで返してくれないの？

これは「相手のために」とうまくごまかされていますが
本当は「自分のため」ですよね。

「〜してあげる」という
見返りを求める「愛の押し売り」はやめましょう。
誰も幸せになりません。

「したいからする」にしましょう。

プレゼントしたいからする。
料理をしたいからする。
大切にしたいからする。

自分がやりたいことだけをやれば、見返りもいりません。

あなたがやりたいことをして
あなたらしく生きていれば
求めなくても
押し付けなくても
自然とそこに愛が生まれるのです。

Question：14

見返りを求めずにできることはなんですか？

「こうすると喜んでくれるかな」と大切な人を想像するだけで、愛は生まれます。それをするだけで幸せだと思える行動をしましょう！

第2章 「愛」

「正しい」は
ぶつけ合うとケンカになって
受け止め合うと豊かになる。

あなたの「普通」は
相手の「普通」ではありませんよね。
育ってきた環境も、もしかすると性別も年齢も違うのだから。

そんな「普通」の違いで
お互いに「なんでわからないんだ！」とケンカになったりします。
お互いに「自分が正しい」と思っているので
いつまでも平行線で、ケンカが終わることもありません。

ネコがかわいいかイヌがかわいいかで、ケンカするようなもの。
自分の「普通」を押し通すこともできますが
それでは誰かと一緒にいる意味はないかもしれません。

そんな時には
まずは相手の「普通」を受け止めましょう。

私がネコをかわいいと思うように
あなたはイヌをかわいいと思うんだねと。

**自分の「普通」を押し通すのではなく
お互いの違いを楽しみながら
ふたりの「普通」を創っていけると
ひとりでは得られない大きなものを手にすることができます。**

Question: 15

どうすれば、違いを楽しめますか？

相手を否定しない関係ができると、違いを楽しめる関係になれますね。

第2章 「愛」

見返りを求め合うか
ありがとうを送り合うか。

あの時に、あんなプレゼントをした。
あの時に、あんな話をした。
あの時に、あんな行動をした。

相手のために「してあげた」ことって、よく覚えていますよね。
やっぱり自分がかわいいから。

「してあげた」が増えるとお返しが欲しくなります。
お返しがもらえないと「あんなにしたのに……」になります。

なにかをしてあげた時には
その行動自体をしっかり楽しんで

その場で忘れてしまった方がいいのです。

逆に「もらった」ことを大切にしてみましょう。

意識し始めると意外とたくさんもらっていることに気づいて
自然と「ありがとう」という気持ちになりますし
「ありがとう」を相手に返したくなります。

**そうして、自然と「ありがとう」のキャッチボールが始まり
そこに愛が生まれ、深まっていくのです。**

見返りを求め合う関係と、ありがとうを送り合う関係。
どちらがいいですか？

Question: 16

これまでに、誰からなにをもらいましたか？

次は、あなたから「ありがとう」を送りましょう。

第2章 「愛」

大切な人が
大切にしていることを
一緒に大切にする。

大切な人が
なにを大切にしているか知っていますか?

せっかく大切な人と一緒に生きていても
自分が大切にしていることを理解してもらえないと
どこかで「ひとり」を感じることや
ガマンすることもあるかもしれません。

「大切な人の大切は、私にとっても大切」
お互いにそう思えたなら
これほど幸せなことはないですよね。

とても心強くて安心もできるし
自分への自信や自分を愛することにもつながりそうです。

お互いに理解しようという気持ちがあると
向かい合って衝突してしまう関係ではなく
寄り添い合い同じ方向を目指すかけがえのない関係になれます。

もちろん、あなたの大切も伝えてください。

認め合って、尊重し合える。
ステキな関係ですね。

Question：17

大切な人が
大切にしていることはなんですか？

なぜ、それが大切なのか。どう大切にしたいのか。ぜひ、ゆっくり時間を
とって話し合ってみてくださいね。愛するということは、同じ方向を見ると
いうことです。

第2章 「愛」

高く険しい山だからこそ
乗り越えた先にしか見えない
景色がある。

人との関係を切ることは難しくないかもしれません。

いつでも「リセットボタン」を押して
何度でもやり直すことができます。

しかし、その分、私たちは「乗り越える」ということを忘れがちです。

大きな壁がやってきた時
もうムリだと諦めれば、そこまでです。

しかし、ちょっとがんばって登ってみようとすれば
これまでとは違う景色が見えてきます。

もともとピタリと相性がいいこともあるでしょう。
しかし、ぶつかり合い、擦り合わさっていくからこそ
よりピタリと合っていくこともあるのです。

ずっと平坦な道だと、きっとなにも深まらないですよね。
**むしろ、壁があったり、崖があったりするからこそ
愛は深まっていくのかもしれません。**

簡単にリセットボタンを押すのではなく
もう少しだけ登ってみましょう！

その先には、ふたりだからこそ見える景色が待っていますよ。

Question: 18

10年後、どんなふたりになっていたいですか？

どうすれば、そんなふたりになれるかも考えてみましょう。思ったことを本
音で話し合えるということが、まずは大切かもしれませんね。

第2章 「愛」

「愛される」は「嫌われる」

嫌われることを恐れて
個性を失くしていくと
嫌われないけど、愛されもしない。

誰にでも愛されたい。
誰からも嫌われたくない。

そんな気持ちがあると思います。

たとえば
あなたは「水」だとしましょう。
きっと、誰からも嫌われません。
しかし、何万円ものお金を出してまで買ってもらえるでしょうか。

あなたが「ワイン」だったらどうでしょう。
全員から好かれることはなく、嫌いだという人もいるでしょう。

しかし、深く愛してくれる人もいますよね。

愛されるということは
愛されるための特徴を持っているということ。
その特徴を嫌う人もいるかもしれませんよね。

「愛される」は、同時に「嫌われる」こと。
「嫌いだ」という人がいて、当たり前なのです。
人には、誰にも好みがあるんだから。

「嫌いだ！」という人の声を聞いて
自分を失くしていくのではなく
「愛しているよ！」と言ってくれる人との中で
自分らしさを磨いていきたいですね。

Question: 19

あなたらしくいられる場所はどこですか？

「嫌い」も愛の裏返しだったりするので、こちらに余裕ができたら、大切に関わることもいいかもしれませんね。実は「愛してる」に変わる可能性が高いのです。

第 2 章 「愛」

10

人生は集めたものではなくて
与えたものでできている。

持っているものを
どんどんシェアしよう。

小さなころ、八百屋だった祖父から
段ボールいっぱいの野菜が、よく届いていました。

とても食べきれないので
母が近所に配りに行くんですが
いつもお菓子やお惣菜などをもらって帰ってくるんです。

お互いが持っているものを交換し合うと、みんなが幸せになります。
おすそ分けって、とてもステキな風習ですよね。

あなたが持っているものも
独り占めすると、持て余らせて腐ってしまうけど

おすそ分けをすると、幸せが広がっていきます。

知っていることを教えてあげることもできます。
できることをやってあげることもできます。

「大丈夫ですか?」「あなたが大切です!」
そう言ってあげるだけで、救われる気持ちもあります。

**それぞれがもらった神様からの贈り物をシェアすることで
幸せの輪はどんどん広がっていき、そこに愛も生まれるのです。**

Question: 20

あなたが心地よくおすそ分けできるものはなんですか?

あなたが自然にできること、当たり前にできることは、他人から見れば特別な才能だったりします。それらをシェアしていると、だんだんと自分の才能が見えてきますし、ご縁も深まっていくことでしょう。

コラム：その2

愛すると愛される。

愛されたいなと思って
たくさん自分を磨きます。

でも
見た目がいいから
性格がいいから
収入がいいから
家事ができるから
趣味がいいから
教養があるから

人を好きになる訳ではありませんよね。

それらも確かに大切かもしれません。

でも、本当の愛は
「あなただから」だと思うのです。

いいも悪いも
すべてひっくるめて
好きなのです。

そうなるには
あなたはすべてをさらけ出すことです。

変に取り繕おうと自分を隠してごまかしても
そこには本当の愛は生まれませんし
もし、生まれたとしても、とても表面的なものでしょう。

あなたは、そのままで充分にステキです。

いいも悪いもすべてをさらけ出してみましょう。
まるごと受け止めてくれる人が
運命の人かもしれません。

Q1-10
Happiness
「幸せ」
P19-41

Q11-20
Love
「愛」
P43-65

Q21-30
Dream
「夢」
P67-89

Q31-40
Problems
「悩み」
P91-113

Q41-50
Money
「お金」
P115-137

Q51-60
Love myself
「自分を好きになる」
P139-161

Q61-70
Development
「自分を磨く」
P163-185

Q71-80
Work
「仕事」
P187-209

Q81-90
Relationship
「人間関係」
P211-233

Q91-100
Everyday
「毎日」
P235-257

100 Questions

第3章

「夢」

なにを叶えたいですか?

第3章 「夢」

やり残したことはない！
と天国に行けたなら
なんて幸せだろう。

仕事があるから……
お金や時間がないから……
自分には向いていないから……

大人になるにつれ、自分の中に枠をつくり
現実的な夢を描くようになります。

余命わずかな人たちにインタビューをしたところ
多くの人が「やりたいことにチャレンジしなかった」ことを
強く後悔しているそうです。

大人になるにつれ、できることは増えるはずなのに、大人になるに

つれ、チャレンジする気持ちが小さくなっていませんか？

夢は叶わないかもしれません。
しかし、やる前から自分の可能性を狭めるのはもったいないことですし、夢が叶わなくても、そこで得られるものもたくさんあるのです。

いつか……と言いながら、諦める人生を送るのか
今できるチャレンジをして、納得いく人生を送るのか。

忘れていた本音や隠していた想いも、すべて全開にして
なんでもやりたいことを自由に発想してみましょう！

本当にワクワクすることが見つかれば
どうやって叶えるかなんて、あとから自然と見つかりますから。

―― Question: 21 ――

もし、なんでも叶うとしたら、なにを叶えたいですか？

100個は書き出してくださいね。たくさん書くことで、心の奥で眠らせていた本音が見えてきます。年に1度くらいは更新するのもオススメです！
そして、ここに書いたことの中から仕事が見つかると最高に幸せかもしれませんね。夢と仕事は同じものですよ。

第3章 「夢」

こなすだけの毎日に飽きたなら
「なんのために」スイッチを
オンにしよう。

同じ毎日にワクワクが溢れ出す。

ヘレン・ケラーや、マザー・テレサなど
その人の人生をテーマにした映画や物語がつくられています。

愛に生きた人
なにかを発明した人
生まれたところや皮膚の色に関係ない社会をつくった人。
「このために生きているんだ!」が見つかると
人生に大きな軸ができ、迷うこともなくなります。

ただ空々漠々と浪費するだけの毎日も
やるべきことをこなすだけの毎日も
「なんのために」という心のスイッチをオンにするだけで

楽しさとやりがいに満ちたものになるでしょう。

「なんのために生きているのか」
その答えは、いつまでも実現しないものかもしれません。
でも、追い求め続けることが、人生を豊かにしてくれるのです。

Question: 22

あなたの死後、あなたの映画がつくられると したら、どんな内容にしたいですか？

そんな人生になるように、生き方、働き方、遊び、仕事を通して、今できる ことを積み重ねていきたいですね。

第3章 「夢」

今、歩んでいる道は
最高の未来につながっているのか。

最高の未来につながる道を
今、選ぶこともできる。

そのまま新幹線に乗っていても
沖縄に行くことはできません。

沖縄に行きたいのであれば
新幹線を降りて、空港に行くことが必要です。

これまで歩んできた道は
あなたが心から最高だと思える未来につながっていますか？

つながっていないなら、すぐにその道をやめましょう。

今ここで最高の未来を描いて

その未来につながる道を選び直すこともできます。

昨日までに培ってきたものを活かすことは大切ですが
昨日までにとらわれることはまったくありません。

未来は自由に創れるのです。
これまでと変わらない道を選ぶのも自由。
これまでを活かして最高の人生を選ぶのも自由。

まずは最高の未来を想像してみましょう。
その未来に続く明日を生きていきましょう。

明日をどう生きるかは、まったくの自由です。

Question: 23

今日からの毎日が、奇跡が起き続ける「完璧」な日々だとしたら、10年後はどうなっていたら最高ですか？

「10年後はこうなっていたら最高！」をイメージして、5年後は……3年後は……来年は……来月は……と逆算していくと、今日するべきことが自然と見つかりますね。

第3章 「夢」

夢が叶ったのに
なんだか虚しいってこともある。

それは
「気持ち」が抜け落ちているから。

本当に大切なことは、目に見えない。

結婚をするふたりにこんな質問をしました。

これから数年後、自分が亡くなる時をイメージしてください。
その時、パートナーから、どんなお別れの手紙を読んでほしいですか？
その内容を、パートナーになりきって書いてください。

そんなお願いをしました。

そうすると、自分がこの結婚生活の中で
本当に手にしたいものが見えてくるのです。

結婚はそれを手に入れるための「手段」でしかないのです。

夢を描く時には、目に見えるものだけでなく
そこで得られるであろう「気持ち」も想像してみましょう。

ちょっと先の未来に
結婚相手だけでなく、家族、仕事の人、友達、お客様……
この人から、こんな「ありがとう」が届くと嬉しいな。
その時の気持ちを想像するだけで、胸がいっぱいになる。

そんな手紙を想像して書いてみましょう。

そこには、あなたが本当に欲しいものがギュッと詰まっています。

Question: 24

10年後、誰から、どんな「ありがとう」を言われたら、最高に嬉しいですか?

自分から自分への手紙も書いてみるといいですよ。
なにを大切に、どんな人生を創っていきたいのかが見えてきます。

第3章 「夢」

夢が「ない」人なんていない。
ただ「忘れている」だけ。

小さなころの真っ直ぐなワクワクを思い出してみてください。
訳もなく、素直に、なにかに夢中になっていましたよね。

そんな「小さなころに夢中になっていたこと」って
今でも夢中になれるものなのです。
好きの原点って、そんなに変わらないからです。

私は、テレビの旅番組ばかり食い入るように見ていました。
案の定、今も旅をすることがなによりも大好きです。

今、ちょっとワクワクを見失っていたら
小さなころのワクワクを思い出してみるといいですね。

そこには、本音が眠っているから。

また、大人になるに連れて
いつの間にか諦めてしまった夢もあるかもしれません。

**小さなころのあなたではムリだったことも
今のあなたなら叶えられるかもしれませんよ。**

Question: 25

小さなころ、どんなことに夢中になっていましたか？

今の自分で、小さなころのワクワクを見つめてみると、また違ったものが見えてきますね。「今の自分」×「小さなころの自分」です。

第3章 「夢」

世界が1冊の本だとするなら
旅をしない人は
1ページしか読めない。

世界にいる人が
1冊の本だとするなら
読んでないページの方が遥かに多い。

レストランのメニューが1つしかないとしたら
ワクワクするものは選べないかもしれません。

もし、ワクワクする夢が見つからないとしたら
それは、あなたの世界が狭くて、選択肢が少ないだけかも。

あなたが単純に知らないことも
世の中にはたくさんあるでしょう。

あなたが想像もしないようなことに
人生を捧げている人もいるでしょう。

たくさんの人に出逢ってみましょう。
そして、みんながなににワクワクしているのかを集めましょう。

中には、知っていたけど、やる前から「つまらなそう」と
可能性を閉じていたこともあるかもしれません。

ワクワクしながらやっている人を見ると
「それ、ちょっとやってみようかな！」となり
違う一面も見えてきますね。

可能性もワクワクも、無限大です。
顔をあげて、世界を見渡してみましょう。

Question: 26

周りにいるステキな人は
どんなことにワクワクしていますか？

そのステキな人に「どうやって新しいワクワクを見つけているのか」も聞い
てみるといいですね！ 人を知るということは自分を知るということ。鏡の
ように、他人を通して、自分を知ることもできますね。

第3章 「夢」

夢が叶った毎日を妄想しよう。

そして
まるで叶っているかのように
振る舞おう。

夢の方からどんどん近づいてくる。

夢を叶えていく上での一番の壁は「あなた」です。

いつも安いレストランに行く人が
高いレストランに行くとソワソワするでしょう。

ステキな時間を過ごしても
自分にはふさわしくない「特別」となり
結局は「いつもの方が安心」と元通りになります。

同じように
夢が叶っている自分が「特別」でソワソワするなら
いつもの安心できる自分に戻ろうとします。

夢が叶っている自分が「普通」になることが
夢を叶えていく第一歩なのです。

今は著名な作家さんも
デビュー前には、憧れの作家さんと同じ服を着て
同じ旅館で、原稿を書いていたそうです。

理想をどこまで具体的にイメージできるかが大切なのです。

すでに夢を叶えている人の近くにいること。
夢が叶っている自分を強くイメージすること。
その自分に深くなりきること。

それが、あなたの「当たり前」を変えていきます。

Question: 27

あなたの理想の未来を実現している人は誰ですか?

その人のそばで感覚を盗んで、夢が叶った自分をイメージしましょう。そしてできるだけ夢が叶った自分を演じ続けるといいですよ。自然とそれが現実になります。

第3章 「夢」

潔く捨てる。
潔くやめる。
潔く壊す。

手放した分だけ入ってくる。

つい、なにかを「始めよう」とします。
つい、なにかを「増やそう」とします。

でも、想像してみてください。

あなたは、もうたくさんの荷物を持っていて
もうこれ以上、持つことはできない状態です。

そんな時、「大切なものをあげるよ！」と言われても
受け取ることができないですよね。

受け取るためには、まずなにかを捨てる必要があります。

なにかを捨てるとそこに余白ができるので
余白が自然と埋まろうとします。
捨てた分だけ、入ってくるのです。

見つけた夢を叶え始める時はもちろん
夢が見つからない時も、まずは捨ててみてください。

**捨てることで見えることもありますし
捨てることで叶うこともありますよ。**

Question：28

なくなっても困らないことや
やめたいことはなんですか？

ただ「なんとなく」しがみついているものを、どんどん手放していきましょう。
軽くなった分だけ、新しいものがやってきます。

第3章 「夢」

夢が叶わない理由は きっと山ほどある。

叶わない人は、それを言い訳にして 叶う人は、武器にする。

「できる」と思う人は、どんどんチャレンジします。
「できないかも」と思う人は言い訳をします。

お金がないから……
やったことないから……
今じゃない気がする……と。

行動しない自分を正当化するために
「本当はやりたいんだけど、しかたないよね」という
「チャレンジしなくてもいい言い訳」をしがちです。

でも、言い訳は悪くありません。

本当は言い訳したいのに
その不安な気持ちをごまかす方が危険です。
小さな壁でつまずいてしまいます。

言い訳は、出なくなるまで出し尽くしましょう。

出し尽くしたら、その言い訳を踏まえて
「じゃあ、どうしようか？」を考えればいいのです。

「お金がないから」は「お金があればできる」ということ。
「やったことない」は「まず小さくやってみればいい」ということ。

ひとつひとつ解決していけば、夢は自然と叶いますよ。

Question: 29

夢が叶わないとしたら、なにが原因だと思いますか？

やりたいことが簡単に叶うことはありません。いつもできない理由は山ほど
見つかるのです。自分の中の言い訳を、うまく武器に変えていきたいですね。

第3章 「夢」

どんなに遠い道のりも
目の前の一歩を積み重ねて
いくしかない。

勇気のいる大きな一歩ではなく
小さな小さな一歩を着々と。

20代の半ばくらいに仕事をやめて
バックパックひとつで放浪の旅に出て
1年半くらいをかけて世界中をウロウロしました。

きっと移動距離は何万キロにもなるでしょう。
いろんな街で、いろんな人と会い
心からキレイだと思えるものと、汚いものもたくさん見て
人生を変える経験をたくさんしました。

しかし、その何万キロの旅での歩みよりも
飛行機のチケットを買うという「はじめの一歩」が
私の人生を大きく変えたと思っています。

あの一歩がなければ、あんなに素晴らしい経験はなかったからです。

やろう！と決めただけでは、現実はなにも変わりません。

いくら綿密で素晴らしい計画があっても
一歩を踏み出さない限り、絶対に形にはならないのです。

いきなり大きな一歩を踏み出そうとすると
勇気も覚悟もいります。

大きくなくていいのです。
小さな小さな一歩を踏み出しましょう。

**その小さな一歩を歩み続けることが
後から振り返ると遠く長い道になっているのです。**

Question：30

今すぐできる小さな一歩はなんですか？

今日できることを、着々と積み重ねていこう。

コラム：その3

叶わない夢もある？

夢を見ることはとっても大切なことです。

しかし、「願えば叶う」ってほど
甘くないのも事実かもしれません。

ここで大切なことが2つあります。

1つは、夢は叶うことだけではなくて
その途中の道に価値があるということ。

叶えようとしていく中で
いろいろなことを考え、チャレンジし、成長していくことでしょう。

夢は叶うことではなく、「見る」ことにも意味があります。

もう1つは、いろいろな形があるということ。

たとえば、歌手になりたい！という夢は
なかなか狭き門かもしれません。

でも、歌手になるという夢が叶わなくても
「歌を歌って、人を喜ばせる」であれば
他にも叶える方法はたくさんあります。

あなたが、なにを叶えたいのか。
夢の中にある本当の想いを感じてみてくださいね。

夢を持つことは
毎日に彩りを生む、とてもステキなことですね。

Q1-10
Happiness
「幸せ」
P19-41

Q11-20
Love
「愛」
P43-65

Q21-30
Dream
「夢」
P67-89

Q31-40
Problems
「悩み」
P91-113

Q41-50
Money
「お金」
P115-137

Q51-60
Love myself
「自分を好きになる」
P139-161

Q61-70
Development
「自分を磨く」
P163-185

Q71-80
Work
「仕事」
P187-209

Q81-90
Relationship
「人間関係」
P211-233

Q91-100
Everyday
「毎日」
P235-257

100 Questions

第 1 章

「悩み」

どうやって、悩みにサヨナラしますか？

第4章 「悩み」

神様はあなたが大好き。

もっと幸せにしようと
乗り越えられる「悩み」だけを
プレゼントしてくれる。

「100万円の支払いがある」で悩む社長はいます。
でも「100万円の支払いがある」で悩む小学生はいません。

どんな悩みも、あなたに合ったものしかやってこないのです。
乗り越えられないものはやってきません。

壁が来たということは
次のステージに進む準備ができたということ。

どんなに大変そうなことでも
今のあなたに必要な神様からのギフト。

自分を磨くために
今大切なことが「悩み」として現れるのです。

いやいやな気持ちで悩みに向き合うのか
よし！とワクワクした気持ちで向き合うのか。
それだけで取り組み方も結果も変わってきますね。

乗り越えた自分を想像して
そのステキな自分にワクワクしながら、取り組んでみましょう。

Question: 31

その悩みが解決したら、どんな自分になっていますか？

人は悩みを乗り越えることでしか成長できません。昨日の自分では対応できないからこそ、新しい自分へと成長するのです。悩みバンザイ！ですね。

第4章 「悩み」

悩みはオバケみたい。

正体がわからないから
意味なく怖い。

真夜中に「コトン」と音がすると
「オバケが出たかなー」とドキドキしちゃいます。

でも、それが蛇口から出ている水滴の音だとわかれば安心です。
蛇口を閉めればいいだけ。

悩みも同じようなものです。

原因がわからないと頭を抱えてしまいますが
原因がわかれば、解決すればいいだけ。

なにか悩みに出くわした時

まずは「なぜ？」と何回も何回も
自分に問いかけてみましょう。

「結婚できない」という悩みがあった時は

「なぜ、結婚できないんだろう？」
「出逢いが少ないからだ」

「なぜ、出逢いが少ないんだろう？」
「家と会社の往復で、生活に変化がないからだ」

このように「なぜ？」を深掘りすると
本当に解決すべき本質が見えてきますよ。

Question: 32

「なぜ？」の先にはなにがありますか？

原因がわかったら、「どうすればいいだろう？」と考えてみてくださいね。
「なぜ？」と「どうすれば？」はいつもセットです。

第4章 「悩み」

あなたが諦めない限り
「それはムリだ」とは
誰にも言えない。

私には生まれ持った特別な力があります。
私が祈ると必ず雨を降らせることができるんです。

なぜかというと
「雨が降るまで祈る」からです。

この感覚がとても大切です。

悩みを解決していく道は遠いかもしれません。
しかし、あなたが諦めさえしなければ
誰にその可能性を奪うことができるでしょう。

しかし、ただ諦めないだけでは叶いません。

短気な人の方が、魚釣りが得意と言われています。

のんびりしている人の方が向いていそうですが
のんびりな人は、釣れない道具でいつまでも待つんですね。

短気な人は「釣れない」と思ったら、すぐに次の方法を試すから釣れるのです。

諦めないことは大切です。

でも、うまくいかない方法を続けてもうまくはいきません。
やり方はどんどん変えながら、悩みを解決していきましょう。

Question：33

次は、どんな方法を試してみますか？

失敗をたくさんするといいですよね。失敗の数が増える分だけ、成功に近づけます。その失敗は、経験としてあなたの財産にもなります。

第4章 「悩み」

失うことを恐れるな。

生まれた時も
死んでいく時も
そもそもゼロなんだから。

失くなるものは
もういらないものなんだよ。

失くしたらどうしよう。
そんな心配に襲われることもあります。

大切なものだからこそ、失くすのが怖くなります。

「ある」が普通だと
失くすとマイナスになるので
とても怖いことになります。
失くならないようにしがみつくことになります。

「ゼロ」が普通だと

失くなったとしても、ただ普通に戻るだけ。
なにも怖がることもありません。

**人は生まれてきた時も手ぶらだし
死んでいく時も手ぶら。
もともと「ゼロ」が普通なのです。**

豊かさを求めることは大切ですが
「当たり前」のレベルは
常に「ゼロ」にしておくことが大切です。

どんなものにも感謝の気持ちを持つことができます。

Question: 34

なくて当たり前だとすると
どんな感謝が生まれますか?

周りに人がいてくれること。健康でいること。仕事があること。今まで当
たり前だと思っていたものも、実は当たり前ではないことに気づけます。

第4章 「悩み」

失敗を嫌っていると
人生を失敗する。

不幸を怖れていると
毎日は味気ないものだろう。

人生は振り子。
小さく振ることも
大きく振ることもできる。

「光と影」や「表と裏」がいつも一緒にいるように
「成功と失敗」や「幸せと不幸」も
どちらかだけを手に入れることはできないのです。

でも、失敗や不幸はイヤだなと思ってしまいますよね。

しかし、よく考えてみると
失敗も不幸も悪いものではありません。

絶対に失敗しないゲームなんて

まったく楽しくないですよね。

幸せだらけの毎日もきっと味気ないものでしょう。
波が立つからこそ、人生に深さと彩りが生まれ
より大きな幸せへとつながっていくのです。

そう考えると
成功してもいいし、失敗してもいい。
幸せもいいし、不幸もまたいい。

人生は、あなたの捉え方次第ですね。

Question: 35

失敗したから、不幸だからこそ、得られたものはなんですか？

この感覚が肌でわかると、人生には幸せしかなくなります。

第4章 「悩み」

「助けて！」

あなたがそう言った時
周りは「やった！」と思っている。

「助けて」と言うと迷惑なのではないかと思って
人を頼ることができない
素直に甘えることができない。

そんなことはないですか？

人と人はジグソーパズルみたいなもの。

あなたの欠けている穴の部分に
誰かの出ている部分がハマることで、「つながり」が生まれます。

もしあなたにジグソーパズルの穴がなければ

周りの人はつながりたくても
とっかかりがなくて、つながることができないんです。

穴が空いていることも
それを埋めてほしいと願うことも
恥ずかしいことではなく、自然なこと。

周りにいる人は
あなたとつながりたいと望んでいるのです。
素直に「助けて」と自分の穴を見せてみましょう。
ぴったりと合うピースが見つかります。

同時に、あなたも誰かの穴を埋めることができるということを
忘れないように。

Question: 36

誰に、なにを助けてほしいですか?

頼れない時は、まず頼られてみるのもいいですね。

第4章 「悩み」

不安だから予防線を張る。

張った予防線だけ
身動きが取れなくなる。

心配を手放して
今を楽しもう。

沖縄へ向かう飛行機の中で
隣のカップルがたくさんお話をしていました。

1日目はなにを食べる?
もし、その店が開いていなかったらどうする?
もし、雨が降ったらどこに行く?
もし、遅くなったらタクシーで帰る?
もし、おいしくなかったらどうする?
もし……。

「もし」を心配し始めると限りがないですよね。
だって、未来の可能性は無限大だから

次の瞬間、なにが起こるかなんて、誰にもわかりません。

未来をイメージすることは大切です。

しかし、未来を心配する必要はありません。
未来を心配しすぎると、身動きが取れなくなります。

心配していることのほとんどは起こらないのだから
余計なことに気を取られることなく
今、ここで、あなたができることだけを考えればいいのです。

余計な心配を手放して、「今」をしっかりと楽しみましょう！
今という時間は二度と手に入らないのだから。

―― Question：38 ――

今、本当に心配した方がいいことはなんですか？

とある研究機関によると、心配ごとの８０％は起こらないそうですよ。ムダな心配で心を曇らせるのはやめて、今できることに意識を集中する方がいいですね。

第4章 「悩み」

賞賛してくれる人より 悪口を言ってくれる人の方が 人生においては大切だ。

あなたのことを悪く言う人もいるでしょう。

私も悪口を聞くとイラッとします。
でも冷静になって考え直してみると
結構、的を射ていることが多いんですよね。

しかも、自分がごまかそうとしていたり
蓋をして隠していることを見事に突いてきたりします。

また、自分では考えたこともない角度から
攻め込まれることもありますよね。

悪口も客観的に見つめ直すいいきっかけになって
それはそれで嬉しいものです。

悪く言う人は、あなたにとっての「宝物」なのです。
悪く言ってくれる人、バンザイ！

また悪く言うということは、こちらに関心があるということ。
関わり方次第では、愛に変わる可能性も大きいのです。
大切にしたいですね。

Question：37

悪口の中にある成長の種はなんですか？

年を重ねる毎に、悪口を言ってくれる人も少なくなります。
言ってくれる人は、どんどん貴重になるんです。大切にしたいですね。

第4章 「悩み」

はじめから特別な人なんていない。

みんな
チャレンジと失敗を繰り返し
結果を受け止め
特別になっていく。

資格試験を受ける。
企画提案書を出す。
プロポーズをする。

人生には、毎日のようになにかしらの「結果」が出ます。

望む結果を得られる時もあれば
悔し涙を流す時もあるでしょう。

しかし、どれだけあがいても結果を変えることはできません。
まるごと受け止めて次に進むしかないのです。

多少の浮き沈みは、必ずあります。
だからこそ、ドラマチックで楽しいのです。
常にいい結果が出続けるような「挫折のない人生」ほど
もろくて、つまらないものはないでしょう。

**人生はどこからでも、いつからでも
やり直すことができます。**

いつも私たちにできることは
目の前の結果をただただ受け止め
次に向かって目の前のことにベストを尽くすだけです。

ベストを尽くせば、結果がどうであれ、気持ちよく次に進めますよ。

Question：39

次は、どんな一歩を踏み出しますか？

常に「○○したい」という"欲求に正直に"選択をすることが大切ですね。

第4章 「悩み」

忘れられない想いがある。
もう充分に味わってきた想いもある。

ありがとうを告げて
次の自分に生まれ変わろう。

忘れられない恋とか
心を深く傷つけた出来事とか
悲しくて抱えきれないでいることとか

ずっと、心の中に残っているものってありませんか？

そんな想いは
あなたを強くしたり
生きる原動力になったり
優しさや愛の種となったりしてきたことでしょう。

しかし

もしかすると、そろそろ卒業してもいいのかもしれません。

執着しているものがあると、見えなくなるものがあります。
これまでのあなたにとっては大切だったものも
これからのあなたには必要ないものかもしれません。

背負うものが多いほど、歩むのは困難になります。

これからの自分に必要のない想いは
ありがとうを告げて、サヨナラしましょう。

Question: 40

どんな想いとサヨナラしたいですか？

「あの時に、こんなことがあって、こんな想いをした」と紙に書き出してみる
といいですよ。客観的に読むことで、違った捉え方ができるようになります。

100Q
Column: 4

コラム：その4

解決策をたくさん持つ。

あなたの体が、あなたが食べたものでできているように
あなたの心も、あなたが触れたものでできています。

なにかを変えていきたい時には
あなたが触れるものを変えていくといいですよね。

普段、行かないところに行ってみたり。
普段、会わない人に会ってみたり。
普段、読まないものを読んでみたり。

「いつもと違う」を創ることが成長のヒケツです。

とても簡単にできることは、本屋さんに行くこと。
本屋さんって、いつも見るものが決まっていませんか？
雑誌コーナーに行って、小説を見て、旅行ブックを見て……と。

次、本屋さんに行った時には
これまで行ったことのないコーナーに行ってみてください。
世の中には、本当にたくさんの本があります。
世界は本当に広いことに気づけますよ。

世界が広がるということは
こだわりがなくなるということ。
あなたが「許せる」範囲が広がるということ。
もっと、自由に生きていけるようになりますよ。

Q1-10
Happiness
「幸せ」
P19-41

Q11-20
Love
「愛」
P43-65

Q21-30
Dream
「夢」
P67-89

Q31-40
Problems
「悩み」
P91-113

Q41-50
Money
「お金」
P115-137

Q51-60
Love mysel
「自分を好きになる」
P139-161

Q61-70
Development
「自分を磨く」
P163-185

Q71-80
Work
「仕事」
P187-209

Q81-90
Relationship
「人間関係」
P211-233

Q91-100
Everyday
「毎日」
P235-257

100 Questions

第 5 章

「お金」

どうすれば、お金から自由になれますか？

第 5 章 「お金」

お金にはキレイも汚いもない。

大切にしてくれる人のところに
集まってくるだけ。

昔、人類がまだ動物だったころは
自分の身の回りのことはすべて自分でやっていました。

やがて、自分の得意を活かした「職業」が生まれました。
魚を取るのが得意な人は漁師さんになり
野菜をつくるのが得意な農家さんと、物々交換したのです。

そのうち、「野菜は欲しいけど、魚が取れないから物々交換できない」や「どれだけの魚と野菜を交換すればいいのか」という問題が生まれました。

そこで、提供する価値を数値化したり

一時的に保管するために「お金」というものが生まれました。

収入が多いということは、提供している価値が多いということ。
お金をたくさん持っているということは
多くの「信用」を持っていて、できることが多いということ。

お金って、ただそれだけのことです。

キレイなものでも、汚いものでも
いいものでも、悪いものでもない。
ただの信用を測り保管するための道具（ただの数字）なのです。

お金にしてみると、どうせなら愛してくれる人のもとに行きたい
ですよね。
素直な心で、お金を愛してみましょう。

Question: 41

お金にどんなイメージがありますか？

もし、イヤなイメージを持っていたとしたら、お金は集まってこないかも。
お金も好きでいてくれる人のところに行きたいですよね。イメージは変えら
れます。お金は好きだー！と言っちゃいましょう。

第5章 「お金」

お金は、海水と同じ。

飲めば飲むほど乾いてしまい
終わりがない。

お金はたくさんあった方がいい。
それはそうでしょう。
お金は可能性を広げてくれます。

でも、「お金さえあれば、なんでもできて、幸せになれる」
それは本当でしょうか。

やりたいことがないのに
お金だけがあっても幸せは感じられないし

お金がなくてもできることも
お金がなくてもできる方法も、たくさんあります。

「お金＝幸せ」ではありません。

お金をたくさん得るには
たくさんの時間とエネルギーが必要。

**なにかを得るということは
なにかを失うということ。**

「とにかくたくさんあればいい」というものではありませんね。
なんのために、どれくらい必要なのかを意識することが大切です。

Question: 42

なんのために、どれくらいのお金が必要ですか?

どれくらい使うかがわかれば、どれくらい必要かがわかります。
それがわかれば、どれくらい働けばいいかもわかりますね。

第5章 「お金」

「自分だけのもの」と囲うと 流れは止まり、腐ってしまう。

川をちょっとせき止めて
そこに池をつくったとします。

その池はせき止めているので、流れてはいきません。
たくさん貯めおくことができます。

でも
その水はだんだん腐っていきますよね。
池がいっぱいになったら
新しく入ってくることもありません。

お金も同じです。

大切なことは循環をさせること。
自分だけのものにしようとせき止めてしまうと
流れが止まってしまうし、腐ってしまいます。

未来を心配して蓄えることも必要かもしれません。
しかし、お金を持って天国に行くことはできませんし
使えば使うほどに増えるお金の使い方もあります。

ちゃんと意図を持って
「蓄える」「使う」をしていきたいですね。

Question: 43

お金の不安はどこからやってきますか？

お金だけでなく、才能も、エネルギーも循環させていくと、よりよくなりますね。

第5章 「お金」

お金には2つある。

使えば使うほど減るお金。

使えば使うほど増えるお金。

お金は
使えば使うほど「失くなる」使い方と
使えば使うほど「増える」使い方があります。

失くなるお金のことを「浪費」と言います。
本当は使わなくてよかったお金のことです。

時間つぶしとか、ストレス解消とか、見栄とか……
一時的な気持ちを埋めるための使い方です。

増えるお金のことを「投資」と言います。
次のお金（価値）を生み出すための準備です。

本を読むとか、人と会う、時間を買う……
より多くの価値を提供できる自分でいるための使い方です。

浪費も投資も、あなたの心次第です。

ムダに洋服を買ってしまったと思えば「浪費」。
ステキな服で明日から気持ちよく仕事できると思えば「投資」。

これは、浪費か投資か
自分に問いかけながら、上手にお金を使っていきましょう。

Question：44

どんなことにお金を使いたいですか？

つい浪費しちゃっている時は、まずは、ストレスを感じている心をなんとか
した方がいいかもですね。

第5章 「お金」

買う理由が値段なら
買うのはやめよう。

悩んでいる理由が値段なら
買おう。

買うか、買わないか、悩むことってありますね。

「安いから買おう！」って買ったものは
本当は必要ないものだったりすることが多いですよね。
結局、払ったお金分の価値も見出せないかもしれません。

「値段で悩んでいるもの」は
あなたは、その本当の価値をわかっています。

悩んでいるのは
そのモノと値段を見比べているのではなく
自分の財布と値段を見比べているからです。

価値があることはわかっている。

であれば、いい買い物になりそうです。
迷っている時点で、心は決まっていそうですよね。

「なぜ、買いたいのか？」
なにかを買う時には、ちょっと自分に問いかけてください。

Question：45

買ってよかったものはなんですか？

意図を持ってお金を使ってみると、その意味がわかり始めます。

第5章 「お金」

お金と恋人は似ている。

欲しがるとやってこないが
人生を楽しみ始めると
向こうからやってくる。

恋人が欲しいなとがんばっている時って
なかなか出逢えなかったりします。

もういいや！と
仕事に夢中になったり
趣味を楽しみ始めたりすると
そんなイキイキしている姿を見てくれる人がいて
恋人ができたりするものです。

お金も同じ。

お金がほしい！とお金を求めても

なかなかやってきません。

「お金はあとから考えるとして……」と

**自分らしく生きて
大好きな仕事を楽しんで
周りの人をたくさん幸せにし始めると
求めなくても、お金の方から集まってきてくれます。**

お金は自分らしくイキイキと生きている人が好きなんですね。

お金を愛することも大切ですし
お金に愛されることも大切です。

Question：46

自分がお金だったら、どんな人のところに行きたいですか？

財布をキレイにしたくなりますよね。自分の財布の中にいる間は、居心地よくいてもらいましょう。

第5章 「お金」

お金はない。

でも
友達がいるから大丈夫。

10年ほど前のこと。
それまでやっていた仕事をやめるかどうかを悩んでいました。

やめれば、家もお金も仕事もすべてがなくなり
文字通りゼロからのスタートです。

そんなある日、友達と話していた時
「1週間泊めてくれる友達が54人いたら、1年間は家がなくてもいける」ということに気づいたんです。

私は、お金は持ってなかったけど
友達は持っていたんですね。

実際には、友達に頼ることはなかったのですが
家がなくても大丈夫という安心感を得たことで
勇気を持って、ゼロから再スタートを切ることができました。

銀行は、お金という信用を預けるところですが
銀行以外にも信用を蓄えておくところもあるんですね。

通帳の数字が多いよりも
友達との関係が深い方が、豊かな人生を送れそうです。

Question：47

お金よりも大切なものはなんですか？

信用をお金に変えておく方が安心という人と、信用を友達に預けておく方
が安心という人がいますね。どっちもいいですね。

第5章 「お金」

世の中で一番稼いでいる人は世の中で一番「困った」を解決している人。

人がどんな時にお金を使うかを考えると

1つは、マイナスから逃れたい時。
マイナスとは、痛み、悲しみ、不幸、不便、不自由、不愉快……。

もう1つは、プラスを得たい時。
プラスとは、喜び、楽しみ、快楽、ワクワク、希望、夢……。

マイナスを少なくして
プラスを増やすことが幸せだと信じて
それを満たしてくれるものを探しています。

あなたも、会社の中やお客様とのお付き合いの中で
「マイナス」や「プラス」を探してみてください。
これをしてあげると、困ったことを解決してあげられるかな。
これをしてあげると、もっと喜んでもらえるかな。

それを見つけたら、見返りを求めずできることをするのです。
大切なポイントは、あなたがムリなくできることをすること。

**自分の好きなことで、周りが喜んでくれるようになると
お金は自然とついてきます。
やがて、それが天職になっていくのです。**

Question: 48

目の前の人を喜ばせるために、あなたになにができますか？

まずは、無料で与えてみましょう。そのうち、相手から「お金を払うよ」と言ってくれるはずです。お金にならない時は、与えている喜びがまだ少ないのかもしれませんね。

第5章 「お金」

荒波が来る心配をやめて荒波を乗りこなせる自分を準備しておく。

「入社すれば一生安泰」と言われていた大企業が傾き
かつてのような経済成長は期待できない不安定な社会の中で
多くの人たちが、将来を不安視しています。

将来に不安を感じると
株やマンション、仮想通貨などに投資をし始めます。

それはそれでいいかもしれません。

しかし、世の中が不安定なので
その投資先が安心かどうかもわからないですよね。
リスクは常につきまといます。

私は、もっとも信頼できる投資先は
「自分」だと思うんです。

どんな世の中になろうとも
今いる会社がなくなろうとも
いつでも、どこでも生きていける自分になることが
もっとも安心で確実なことかもしれません。

**安定を求めるなら、不安定でも生きていける自分になる方がいい
のかもしれません。**

そのためには
自分の経験を増やすこと。
自分の世界を広げること。

自分自身に投資をして
不安定な世の中をしなやかに生きぬきましょう。

Question: 49

自分に、どんな投資をしたいですか?

たくさんの人を、より深く喜ばせられる自分でありたいですね。

第 5 章 「お金」

お金がないからできないと言う人は
お金があってもなにもやらない。

お金がない。

それ自体は、悪いことではありませんよね。
長い人生、お金が多い時も少ない時もあるでしょう。

問題は「お金がない」が言い訳になって
自分の未来を創ることをやめてしまうことです。

お金がないと、やりたいことは本当にできないのでしょうか？

私は、興味あるセミナーに、お金がなくて参加できなかった時は
裏方の手伝いをするからと、無料で参加させてもらったり

起業したけど、必要な備品が買えない時は
会社を閉める人から譲ってもらったり
自分主催のセミナーの会場代が払えない時は
友達の家や公園でセミナーをしたりしていました。

お金がなくても、できることはあるものです。

そして
安宿を巡る貧乏旅行でしか得られない経験があるように
お金がないからこそできることもたくさんあり
そこから得られるものも大きなものだったりします。

お金がないを言い訳に
やりたいことにブレーキをかけるのはもったいないことですね。
お金がないなら、なくてもできる方法を考えればいいのです。

Question：50

お金がないからこそできることはなんですか？

お金を人生の言い訳にするのをやめると、人生は豊かになります。
その結果として、お金が入ってきたりするので、人生は面白いですよね。

コラム：その5

お金を受け取る準備をする。

お金って、本当に不思議なものです。

たくさんある方が
できることも増えそうだし、不安もなくなるから
少しでも多くのお金が欲しいと思うのですが
なかなか思ったように入ってきません。

人それぞれに、手にできるお金の量は決まっているのかもしれませんね。

宝くじに当たった人が
人生を狂わせてしまう話をよく聞きます。

それは、手にできる量以上のお金がやってきたから
うまく付き合えずに破綻してしまうのです。

お金は、自分にふさわしい量だけやってくる方が自然で幸せな
ことなのです。

もし、より多くのお金が欲しいのであれば
それにふさわしい人になることですよね。

あなたに、受け取る準備ができた時に、そのお金がやってきます。

自分が提供する価値を高めることと
自分の価値を、あなたが心から信じることです。

また、なんのためにそんなに多くのお金が必要なのかを
一度考えてみるといいですね。

もしかすると、実際には、そんなに多くのお金がなくても
とても豊かに暮らしていくこともできるかもしれません。

Q1-10
Happiness
「幸せ」
P19-41

Q11-20
Love
「愛」
P43-65

Q21-30
Dream
「夢」
P67-89

Q31-40
Problems
「悩み」
P91-113

Q41-50
Money
「お金」
P115-137

Q51-60
Love myself
「自分を好きになる」
P139-161

Q61-70
Development
「自分を磨く」
P163-185

Q71-80
Work
「仕事」
P187-209

Q81-90
Relationship
「人間関係」
P211-233

Q91-100
Everyday
「毎日」
P235-257

100 Questions

第6章

「自分を好きになる」

自分のこと、愛していますか？

第6章 「自分を好きになる」

誰かを好きになるのに
理由なんていらないように

自分を好きになるのにも
理由なんていらない。

誰かの優れている面を見て
恋に落ちることもあるでしょう。

しかし
誰かのダメな面を見て
意外なギャップにグッときて
恋に落ちることもありますよね。

「優れているか」「ダメか」と
「好きか」「嫌いか」は
あまり関係ありません。

好きになれば
ダメな面は味わいになるし

嫌いになれば
優れている面も鼻につくだけです。

人を好きになるのに理由がないように
自分を好きになるのにも理由なんていらないのです。

「自分のことが好きになれない」と言ってる人も
心の奥底では、自分のことを愛しているはず。

自分のことが好きでいいんですよ。
自分を好きになることを許してあげましょう。

Question: 41

どんな時に、自分のことが好きだな
大切だな、と感じますか？

自分のことが好きだ、大切だ、と思える瞬間の感覚をしっかり味わいましょう。生まれた時はみんな持っていた感覚を、ただ忘れているだけ。

第6章 「自分を好きになる」

ステキになるということは
他の誰かになることではない。

もっと自分になること。
自分を許すということ。

あなたはリンゴの木だとします。
これから赤い実をつけるところです。

ふと横をみるとオレンジの実がなっています。
それを見て、「オレンジ色もいいな」と思います。

その隣にいるスイカを見て
「大きいってかっこいいな」

その隣にいるパイナップルを見て
「かっこいい髪型だな！」

こうしてたくさん憧れることで
リンゴはどんどん個性を失くして
なにかよくわからないものになっていくのです。

自分にないからこそ憧れます。
しかし、あなたはあなたで、とってもステキです。
あなたに憧れている人も、たくさんいるでしょう。

今回の人生は、リンゴとして生まれてきたので
リンゴとして生きるしかないのです。

他の誰かになることは積極的に諦めて
もっと自分になって、自分のままで生きていきましょう。

Question: 52

あなたには、どんな魅力がありますか？

周りにいる人に、「私を表すキーワードって、なんだと思う？」って聞いてみ
ると、あなたの魅力を客観的に知ることができますよ。

-143-

第6章 「自分を好きになる」

嫉妬の中身をじっと見つめてみると
本当の願望が見えてくる。

誰かに嫉妬をすることってありますか?

嫉妬することは、悪いことではありません。
むしろ、いいことです。

なぜ嫉妬するのでしょう。

多くの場合は
自分が叶えたいことを叶えている人
自分が欲しいものを持っている人に
嫉妬してしまいます。

しかも
自分のちょっと先
手が届きそうなところを歩いている人に
嫉妬しがちです。

嫉妬の中身をじーっと見つめてみると
本当に叶えたいこと
今やりたいことなど
本当の願望が見えてきます。

Question：53

最近、誰に、どんな嫉妬をしましたか？

嫉妬した時はチャンスです。
その嫉妬の中に、あなたの理想の姿が隠れているのかも。

第6章 「自分を好きになる」

「私ってこんな人……」なんて ただの思いこみなんだから 今日から 好きな私を生きればいい。

あなたは自分のことを
どんな人だと思っているだろう?

優しいのか、クールなのか
明るいのか、おしとやかなのか

いろいろと思うことはあるだろうけど
それは、ただの「思いこみ」であって「事実」ではありません。

だって、そんなのは「人との比較」でつくられているものだから。

明るいと思っているAさんと

暗いと思っているBさん。
ふたりを並べたら、Aさんの方が暗いかもしれない。

明るいと思っている人は
これまでに、自分より暗い人と出逢ってきただけかも。

「あなたってこんな人だよね……」と決めつけられるのも
「私ってこんな人だから……」と決めつけて生きていくのも
イヤですよね。

すべては思い込みでしかないんだから
今日から、好きなように自分を設定していきましょう！

今日から私は〇〇な人！

Question：54

どんな自分にでもなれるとしたら
どんな自分でありたいですか？

142ページのリンゴの話も思い出してね。目指すべきは本当の自分。
本当の自分のままで生きていこう。

第6章 「自分を好きになる」

みんなの声を聞きすぎるとだんだん私らしさが迷子になっていく。

周りの人は、あなたが好きだからこそ、「こうするといいよ」とアドバイスをしてくれます。
しかし、そのアドバイスをそのまま聞いてはいけません。

なぜなら
相手の人の「よかれ」は
あなたの「よかれ」じゃないから。

周りの声を聞くと、相手の人が描く理想には近づくかもしれませんがそれは同時に「あなた」を失っていくことかもしれません。

他人のアドバイスは、「ヒント」であって「正解」ではありません。

「そんな考えもあるんだな」くらいで聞いておきましょう。

人のアドバイスなんて聞かなくても
本当は自分で答えを知っていると思いますよ。
自分の心の声に耳を澄ませましょう。

Question：55

10年後の自分は、今の自分にどんなアドバイスをしますか？

ヒントはたくさんあった方がいいので、周りの声は受け止めましょう。でも、受け入れる必要はありません。あくまでヒントとして聞いておけばいいのです。

第6章 「自分を好きになる」

最高の私に出逢うということは
すべて受け止めるということ。

そして
自分の人生を愛するということ。

ステキな人は自分をまるごと受け入れています。

長所も短所もまるごと「私だから」と引き受けています。
だからこそ、ステキに生きていける。

長所と短所はいつも表裏一体ですよね。
コインの表と裏みたいなものです。

「細かいことが気にならない」という特徴は
悪く見れば、「大雑把」という短所
よく見れば、「おおらか」という長所。

悪く見るか、よく見るかという話でしかありません。

「大雑把」という短所を直そうとすると
「おおらか」という長所も同時に失くなります。

その自分で生きていくしかないのです。
自分のままをまるごと受け入れて、短所を長所にしていきましょう。

Question: 56

自分の短所のいいところはどこですか?

大らかな性格の私は、アイデアを出すことに向いていますが、大雑把なの
で事務作業には向いていません。「自分」を変えようとするのではなく、そ
のままを活かすことを考えましょう。

第6章 「自分を好きになる」

抱えてきたコンプレックスの分だけ
人は優しくなる。
深くもなる。
愛も生まれる。

どんな人もきっと
人には言えないようなコンプレックスを抱えています。

コンプレックスって
なんとかしたいけど
自分ではどうにもできないこと。
受け入れるしかないですよね。

コンプレックスが悪いことだと思うと
心が卑屈になります。

だけど

コンプレックスを抱きしめてあげることができれば
それは「愛」になります。

抱え続けている想いが、人を幸せにするかもしれません。
人の痛みや悲しみに寄り添うことができる人もいるでしょう。
自分の人生を切り開いていく原動力になる人もいるでしょう。

コンプレックスは「愛の源泉」。
目を背けるものではなく、抱きしめるものですよ。

Question: 57

あなたのコンプレックスは
誰をどんなふうに幸せにしますか?

信頼できる人に話してみるのもいいですね。自分が思っているほどではな
いこともありますよね。それをきっかけに受け止められるようになるかも。

第6章 「自分を好きになる」

自信がない……
そんな不安に追いつかれる前に
ワクワクに飛び込んでいこう。

なにかをしようと思った時
自信がなかったり
不安に押しつぶされそうになったりして
進めないこともありますよね。

そんな時は「ワクワク」が足りていないのかも。
だから、自信のなさや不安を言い訳に
進まなくていい自分をつくってしまうのです。

本当に心からワクワクすることだったら
できるかどうか
どうすればいいか

自信があるかどうか
なんて気にしないですよね。

まず、やってみる！
細かいことは、後から考える！

自信に根拠なんていりません。
行動すれば、後からついてくるものです。

ただただ自分の「ワクワク」を素直に信じて。

Question：58

今、最高にワクワクすることはなんですか？

そのワクワクに飛び込めばいいのです。
成功しても失敗しても、行動したことが自信になります。

第6章 「自分を好きになる」

ふとした時に
ごまかしようのない
自分が顔を出す。

素顔を磨かなきゃね。

人生って、ときどき特別な舞台が用意されます。
仕事でも、恋愛でも、人間関係でも、夢を叶える途中でも。

そんな「いざ！」という時に
いくら焦っても、もう遅いですよね。

生き方や考え方、自分のあり方など
毎日の中で積み重ねてきたものだけが
そんな時に滲み出てくるのです。

着飾ったりすることも大切かもしれませんが
素の自分を深めていく方が、よっぽどいいですよね。

いつも気を張っていよう、というわけではないですよ。
「リラックスする」と「だらける」は違う、という話です。

毎日の積み重ねでしか
自分を幸せにすることはできません。
誰かの目よりも、自分の目を気にしましょう。

Question: 59

毎日の中で大切に意識したいことはなんですか?

いつも、自分が主役のドラマを撮影している気持ちで生きているといいかも
しれませんね。

第6章 「自分を好きになる」

「自惚れてる！」は褒め言葉！
うぬぼ

自分自身を愛している人こそ
周りにも愛されている。

「自惚れる」という言葉があります。

どちらかと言うと、イヤな言葉かもしれません。

けど、よく考えてみると
「自惚れて」なにが悪いのでしょうか？

自分のことを愛していない人が
周りの人に愛されるとは思えません。

もっとも身近にいて
もっとも長い時間を共にする「自分」なのだから

心から愛したいですよね。

自分を愛せていないと
ダメな私や足りない私にばかり目が行き
心が卑屈になってしまいます。

「自分で自分に惚れる」ために
自分のステキなところをたくさん見つけてあげたいですね。

Question: 60

自分のどこを褒めたいですか？

ことあるごとに、「さすが、私！」と自分を褒めるクセを付けるといいです
ね。周りの声なんて気にしている場合じゃありませんよ。

100Q
Column: 6

コラム：その6

自分の花を咲かせる。

よく誤解をしがちなのですが
「自分が好き」ということと
「自分を磨く」ということは一緒ではありません。

「自分が嫌いだから、好きになるために、自分を磨く」だと
うまくいきません。

なぜなら、自分ではない何者かになろうとしてもなれないから
です。
どれだけ自分を磨いても、足りないところに目が行くだけで

いつまでも、自分を好きになることはないでしょう。

サクラはサクラにしかなれないし
ヒマワリはヒマワリにしかなれないのです。

他に憧れるのではなく
自分がサクラであることを受け入れることが
自分を好きになるということ。

その上で
もっと、キレイなサクラになることが
自分を磨くということです。

あなたは、あなたのままでいいのです。
それをあなたが受け入れるだけ。

誰か褒めてくれたからとか
誰かが愛してくれているからとか
自分を好きになる理由を他人に求めなくても大丈夫です。

ステキかどうかを決めるのは
あなたなのだから。

サクラがサクラとして咲いているように
あなたもあなたとして咲けばいいのです。

Q1-10	Q11-20	Q21-30
Happiness	**Love**	**Dream**
「幸せ」	「愛」	「夢」
P19-41	P43-65	P67-89

Q31-40	Q41-50	Q51-60
Problems	**Money**	**Love myself**
「悩み」	「お金」	「自分を好きになる」
P91-113	P115-137	P139-161

Q61-70	Q71-80	Q81-90
Development	**Work**	**Relationship**
「自分を磨く」	「仕事」	「人間関係」
P163-185	P187-209	P211-233

Q91-100	
Everyday	**100 Questions**
「毎日」	
P235-257	

第7章

「自分を磨く」

どうすれば、最高の私になれますか？

第7章 「自分を磨く」

これまで出逢った
たくさんの人たちが
私の中で生きている。

ステキな人の
ステキなところに触れるたび
私はどんどん自由になっていく。

あなたの周りのステキな人は誰ですか？

ステキな人のステキなところを自分に取り込めるといいですよね。
**自分の中に、生き方や考え方のモデルがたくさんできて
選択肢が増えていきます。**

取り込んでいくためには、まず一緒にいること。
少しでも多くの時間を一緒にいて、その人に触れてみましょう。

こんな時には、こう考えるんだ。
こんな選択をするんだ。
これを大切にするんだ。

そんなことを肌身で感じるのです。

感じたら、次は「マネ」をしてみましょう。
「学ぶ」とは「まねぶ」と言われます。

その人の口調、クセ、リズム、思考パターンを
どんどんマネして、吸収していくのです。

最初は不自然さを感じるかもしれませんが
そのうち自分の中で噛み砕かれて、自然と馴染んできて
「マネしている」から「影響を受けている」と
自分のものになっていきます。

Question: 61

もし1日だけ誰かになれるなら
誰になって、なにをしますか?

その人になるためにマネるのではなく、自分の可能性を広げるためにマネるんですよ。ここ、大切です。

第7章 「自分を磨く」

自分の中に「問い」があれば
出逢うものすべてから
学ぶことができる。

小さな子どもって
「なんで？」ってたくさん聞きますよね。

世界が、見たことも聞いたこともない不思議なもので溢れているから
好奇心でいっぱいなんですね。

ひとつの「なんで？」が満たされると
次の「なんで？」も生まれてきます。
そうして、自分の世界をどんどん広げているのです。

自分に好奇心と素直な心さえあれば
なにからでも学ぶことはできます。

「なんで、愛される人と、そうでない人がいるのだろう？」
「どうすれば、愛されるのだろう？」

「なんで、人生を謳歌できる人と、できない人がいるのだろう？」
「どうすれば、人生を謳歌できるのだろう？」

この例のように
「なんで？」と「どうすれば？」という問いを
持ち続けることが大切です。
ふとしたところに、そのヒントが落ちていることに気づき
出逢うものすべてから、学ぶことができるようになります。

Question：62

あなたが「なんで？」と思うことはなんですか？

インターネットはすぐに答えが出てきて便利ですが、安易に答えを求めては
いけませんよ。自分で考えることが大切です。

第7章 「自分を磨く」

期待は
「こたえる」ものではなく
「こえる」もの。

そのわずかな差が
未来を創っていく。

周りの人から可愛がられたり、大切にされたり
つながりが生まれてご縁が次々と広がったり……
そんな人になりたいですよね。

そうなるためのコツは、「ちょっと多く返す」こと。
「10」を期待されて
「10」を返したのでは
プラスマイナスで「ゼロ」なので、それで終わり。

「10」を期待されて
「11」を返すことが大切。

多く受け取った「1」の分
相手はなにかを返そうとしてくれ
また「次」につながり、ご縁が深まっていきます。
こんな小さなことの積み重ねで、人生はできているのです。

大切なのは、見返りを期待しないこと。
やりたいからやる。そして、やったら忘れる。

押し売りにならないように
「ちょっとひと盛り」をいつも忘れずに

Question: 63

目の前の人を「もっと」喜ばせるために なにができますか？

自分らしく楽しくできることだけをやりましょうね。
そうでないと疲れて続かないから。

第7章 「自分を磨く」

**ストレスは発散させても
またすぐ溜まる
終わらないシーソーゲーム。**

**ちゃんと向かい合ってみれば
未来を創る原動力になる。**

不平不満やグチを誰かに聞いてもらいたい日もあります。
パーっと飲んで、すべて忘れて、ストレスを発散させたい夜もあります。
しかし、それではストレスが溜まる毎日は、なにも変わりません。

「そうだよね。わかる!」と共感してもらっても
グチを言い合っても、たくさん遊んでも
スッキリしたりするかもしれませんが、ただ、それだけ。
また変わらない明日が待っています。

そんな繰り返しは、もう卒業しましょう。
外に発散するのではなく
その気持ちを持って、自分の心の中を旅するのです。

満たされない気持ちを、他人にぶつけるのではなく
満たされない気持ちの中身を、自分で見ていくのです。

なぜ、こんな気持ちなんだろう?
なにに、引っかかっているんだろう?
なにが、どうなるとスッキリするんだろう?　と。

ひとりを恐れてはいけません。
張り裂けそうな気持ちから生まれるものがあります。
ひとりでいることで深まることがあります。
ひとりだからできることがあります。

抱えきれない気持ちを受け入れ
明日を変えていくために使うのです。

Question：64

今、どんな気持ちを吐き出したいですか?

その気持ちをもう抱えなくていいように、早速、明日からなにかを変えてい
きましょう。

第 7 章 「自分を磨く」

大きな壁がやってきたら「しめしめ」と喜ぼう。

自分を大きく成長させてくれる。

人が成長する効果的な方法は、「混乱に陥ること」だそうです。

昨日と同じ自分で生きていけるのであれば
なにも考えなくていいので楽ですが、成長しません。

「どうすればいいかわからない」

昨日の自分では乗り越えられない壁がやってきた時に
これまでとは違うことを考え始め、変化、成長します。

**なにか問題が起こることはイヤなことではなく
自分を成長させてくれる大切なチャンスです。**

「しめしめ」と迎え入れた方がいいですよね。

逆に、壁がやってこない時は、成長していないということかもしれませんね。
少し背伸びをしてみましょう。

「できるからやる」といった
失敗もないけど成長もない世界の中にいるだけでなく

「やってみたいからやる」というチャレンジで
今の自分では乗り越えられないような壁を
あえて呼び込みましょう。

Question: 65

「これが乗り越えられたら最高！」と思える
最高にワクワクするチャレンジはなんですか？

「できるからやる」のではなく「ワクワクするからやる」。
それができる自分になる。そんな感覚がいいですね。

第 7 章 「自分を磨く」

自分の軸があれば
恐れることなく
チャレンジできる。

はじめての街を散策する時には、まず「目印」を見つけます。
目印があると道に迷っても、戻ってこられるから。

同じように、人生にも「目印」が必要です。
それは目指す場所ではなく、帰ってくる場所。

毎日を生きていると、いろいろと迷うことがありますよね。
時には、これまでの人生を全否定されることもあるかもしれません。

そんな時にも、いつでも「自分」に戻ってこられるように
自分の「大切」を、常に意識しておきましょう。

オススメは「なんでもベスト10」をつくること。

お気に入りのカフェのベスト10
好きな音楽や本のベスト10
大好きな人ベスト10
生きていく上で大切にしたいことベスト10

このベスト10の中には
あなたがぎゅっと凝縮されていますね。

自分の中で大切にしておきたいことがわかれば
良し悪しの判断基準にもなりますし
迷った時に帰ってこられる場所にもなります。

帰る場所が明確になっていれば
思い切って、冒険もできるようになりますよ。

Question: 66

あなたのオススメベスト10はなんですか？

友達とシェアしてみると、楽しいですよ。自分のことがよくわかります。

第7章 「自分を磨く」

「やったことがない」

それは
あなたの弱みではなく
あなたの可能性。

「やったことないから、ムリ」と
断ってしまうことがあります。

それは、とてももったいないことです。

生まれた時なんて
すべて「やったことない」だったのを忘れていませんか。
ひとつひとつ「やってみて」ここまで成長してきたのに
ちょっとわかった気になって
やめてしまうのはもったいないことです。

毎日、同じ「やってきた」の中だけで生きている人。

毎日、新しい「やったことない」を楽しみながら増やしていく人。

**人の魅力や深みは、年齢ではなく
その「やってきた」数から生まれるのかもしれません。**

「やったことない」
「しらない」
「なんとなくイヤだ」
「つまらない」

それらはまるまる「あなたの可能性」ですよ。

食べず嫌いはもったいない。
まずは、小さくかじってみましょう。
意外とおいしいかも。

Question: 67

やってないことや食わず嫌いで、避けていた
ことはなんですか？

まずは小さく体験してみましょう。リスクを感じないくらいに小さく。きっ
とそこから世界が広がっていきますよ。

第7章 「自分を磨く」

弱さを「言い訳」にすると
可能性が狭まる。

弱さを「武器」にすると
多くを与えることができる。

女だから……。男だから……。
まだ若いし……。もう年だし……。
経験がないし……。
自分の弱さを「言い訳」にしていませんか？

たしかに、弱さを前に出すと同情はしてもらえます。
逃げることはできるでしょう。

しかし、それは同時に
自分の可能性を自分で閉じているということ。

話すのが苦手だからこそ、聞くのが上手かもしれません。

行動力がないからこそ、じっくり熟考する役割ができます。
経験がないからこそ、斬新で柔軟な発想を持ってチャレンジできます。

弱さがあるからこそ、できることがあるのです。

弱さは「武器」にしましょう。
同じ弱さを持った人を幸せにすることができます。

Question: 68

あなたの弱さは
どうすれば武器になりますか?

どんな年でも、どんな状況でも、そこでしかできないこと。そんな自分だからこそできることがあります。周りをみて羨ましがるのではなく、今を楽しみましょう。

第7章 「自分を磨く」

「友人10人の平均があなた」
そう言われるくらい
人は周りから影響を受けている。

自分を変えたいのなら
一緒にいる人を変えてみよう。

「こういう風に考えればいい」
「こんな行動をすればいい」と
頭ではわかっているけど
なぜだか思うようにできない。

そんなことってありますよね。

今の毎日に、なにか違和感や物足りなさを感じる。
そんな時は、一緒にいる「人」を変えてみるといいですよ。
「朱に交われば赤くなる」ということわざがあります。

あなたは「白」だとして

頭の中でずっと「赤になりたい！」と念じていても
なかなか赤くはなれません。

赤い物の中に入っていければ、すぐに赤く染まりますよね。

人も同じです。
一緒にいる人の影響を大きく受けるので
「こんな毎日を送りたい」という理想があるのなら
それを実現させている人と、一緒にいればいいのです。

ムリして変わろうとしなくても
自然と染まっていきますよ。

Question: 69

誰と一緒にいたいですか？

毎日の中に違和感を感じたら、あなたが違うステージに進む準備が整った
ということかもしれません。勇気をもって進んでみましょう！

第7章 「自分を磨く」

自分にタグを付けていこう。

あなたの魅力が
どんどん伝わるように
わかりやすくシンプルなタグを。

友達を紹介してもらう時や
仕事をつないでもらう時など
自分を誰かに紹介してもらう時に
あなたは、どんな人だと紹介されたいですか?

なにをしている人で
どんな人柄で
どんな生き方をしていて
どこを目指しているのか。

どんなふうに紹介をされ
どんな人だと覚えてもらいたいでしょうか?

そして
どんな時に思い出してもらえると嬉しいでしょうか?

そんなことを考えてみると
**あなたがなにを大切に、どんな人になっていきたいのかが
自然と見えてきます。**

人は多くのことを覚えられないので
シンプルでわかりやすく伝わる自分でありたいですね。

Question: 70

どんな人だと覚えられたいですか?

その自分をイメージして、普段から生きていくと、どんどん本当の自分に
なっていきますし、ご縁も広がっていきますよ。

100Q
Column: 7

コラム：その7

人生を恐れない。

人生って、とても脆いものだとイメージしていませんか？

とても壊れやすいものだから
大切に大切に扱わないと……。

石橋を叩いて渡るように慎重にと。

でも、人生って
いつからでも
どんな状態からでも

上を目指して再スタートを切ることができるのです。

再スタートを切ることを決めれば
それまでの失敗は、大きな糧になるだけです。

むしろ、抱えてきた失敗や悲しみが大きいほど
より大きな幸せを手に入れられることでしょう。

あなたが再スタートをするかどうかを決めるだけです。

道から外れることを恐れて
一歩を踏み出せないようなことはやめて
ワクワクに素直に進んでいけばいいのです。

道を外れても
また、そこに新しい道ができるだけだから。

Q1-10
Happiness
「幸せ」
P19-41

Q11-20
Love
「愛」
P43-65

Q21-30
Dream
「夢」
P67-89

Q31-40
Problems
「悩み」
P91-113

Q41-50
Money
「お金」
P115-137

Q51-60
Love myself
「自分を好きになる」
P139-161

Q61-70
Development
「自分を磨く」
P163-185

Q71-80
Work
「仕事」
P187-209

Q81-90
Relationship
「人間関係」
P211-233

Q91-100
Everyday
「毎日」
P235-257

100 Questions

第 **8** 章

「仕事」

どうすれば、
仕事は最高に楽しくなりますか？

第8章 「仕事」

もっとも大切なのは
目の前の現実を
自分で決めたのかということ。

納得できていれば
毎日は楽しさでいっぱいになる。

仕事には
なにをするかという「業種」と
どう働くかという「働き方」があります。

業種は、営業とか、デザイナーとか、パン屋さんとか……。
働き方は、勤めるとか、自分でやるとか、会社をつくるとか……。

どんな業種でも、どんな働き方でもいいのですが
もっとも大切なことは
それを自分が「納得」して選んでいるのかということ。

いい大学に入って、大きな企業に入れば……と

「なんとなく」選択をして
失くすのが怖くてしがみついていたりしていませんか?

どんな働き方でもメリットとデメリットがあります。

起業すると、自由だけど不安定だったり
会社にいると、安定しているけど自由が少なかったり。

どちらがいいのかを自分で選んだ方がいいですよね。

納得していないと、グチや責任転嫁が生まれ
納得していると、それが強さの元になります。

自分で、納得できる選択をしていきたいですね。

Question: 71

もし、なんでも許されるなら、どんな働き方がしたいですか?

具体的に想像してみるとワクワクしますよね。さぁ、少しでもそれに近づくために、なにが今できるのか、考えてみましょう。

第8章 「仕事」

好きなことを仕事に「する」
なんて甘い！
という時代は終わり。

好きなことを仕事に「しない」
なんて甘い！
という時代に。

充分なお金を持っているのに
一生懸命に仕事をする人がいます。

働くことに、お金とはまた別の楽しみがあるからですよね。

お金ももらえないのに
寝る間を惜しんでゲームをする子どもがいます。

ゲームも仕事も似たようなものです。
目の前に壁がやってきて、何度もチャレンジをする。
乗り越えられなければ、どうすればいいかを調べ考え
またチャレンジをして、ゴールを目指していく。

またチャレンジをして、ゴールを目指していく。

仕事とゲームの違いは、本人が楽しんでいるかどうか。

楽しんでいる人は自ら努力もするでしょう。
いい結果も出すでしょう。
やる気なんて自然と湧いてくるはず。

「やらされている」から「やっている」になりますね。

「楽をする」ためではなく
「楽しむ」ために、好きを仕事にするのです。

お金のためにガマンして働くのではなく
好きなことを仕事にすることを考えてみましょう。

Question: 72

もし、お金の心配をしなくてもいいとしたら
なにをして過ごしますか？

それをどうお金に変えるかを考える方が自然です。世の中を見渡してみて
ください。世の中にない仕事を生み出している人なんて山ほどいます。

第8章 「仕事」

大きな木の下にいると安心。

でも
その木も倒れてしまうかも。

どこでも必要とされる自分を
育てていこう。

神社に行くと神社ごとに「ご利益」があります。
恋愛成就、商売繁昌、家内安全、開運招福など。

同じように
あなたにはどんなご利益があるでしょうか？

一緒にいると元気になれる。
話を聞いてもらえてスッキリする。
専門知識を教えてもらえる。
新しくなにかができるようになる。

そんな「あなたのご利益」を意識してみましょう。

これから働き方が大きく変わる時代。
あなたにしかできない仕事を求めていくことが大切ですよね。

「○○会社の課長」という「役割」ではなく
「○○のプロ」という「ご利益」を創っていきましょう。

自分自身にお金と時間を投資して、好きを極めていけば
会社に頼らなくても、いつでもどこでも必要とされる人になれ
ますよ。

天職は、見つけるものではなく、育てていくものです。

Question: 73

あなたと関わると、どんないいことがありますか?

周りの人に聞いてみるのもいいですね。
周りの人があなたから受け取っているものにヒントがあるはずです。

第 8 章 「仕事」

鳥は泳げないし
魚は飛べない。

苦手を克服するより
自然とできることを活かそう。

学校にいる時には、「苦手なことも克服しましょう!」と「オール5」が求められていました。

しかし、苦手なものはどれだけやっても苦手。
魚に「飛んで!」と言うようなものです。

魚は、飛ぶのではなく、泳いだ方がいいですよね。
もっと速く、もっと美しく泳ぐことに
自分の可能性を見つけていく方が自然です。

虹を創りたいと思った時
あなたがすべての色を出そうとすると、弱い虹にしかなりません。

もっとも得意な色だけに集中すると、よりキレイで強い色を出せます。

他の色は、その色が得意な人に任せるといいですよね。
お互いの得意を持ち寄ることで
社会やチームは成り立っています。

「なんでもできる」ではなく
「これしかできないけど、これは任せて！！」を目指していきましょう！

Question: 74

「私に任せて！」と言えることはなんですか？

1つの得意な事が見えてきたら、2つ、3つと増やしてみるのもいいですね。
掛け合わせると最強です！

第8章 「仕事」

頼まれ事には
全力で応えよう。

ひとつ乗り越える度に
どんどん自分が見えてくる。

自分の得意を磨いた方がいい。
自分が得意なことを活かした方がいい。
そう言われても
なにが自分の得意かわからないですよね。

そんな時には
人から頼まれる事を大切にしてみてください。

頼まれ事は、あなたの得意なことである可能性が高いです。

たとえば、小さな子どもに「仕事の相談にのって！」と頼まないですよね。

周りにいる人は
あなたができそうだから頼むわけです。

「私にはムリ」と思うこともあるかもしれません。
でも、相手はできそうだから、あなたに頼んでいるんです。
相手を信じてやってみるといいですよね。

周りからの頼まれ事にベストを尽くしていくと
自分の得意は明確になり、磨かれていきます。

Question: 75

よく頼まれることはどんなことですか？

その頼まれ事に期待されている以上に応えていくと、プロになっていけます。

第8章 「仕事」

雪が降るのも
郵便ポストが赤いのも
全部、私のせい。

子どもを育てていく上で
お父さんには「お金を稼ぐ」という役割があり
お母さんには「ご飯をつくる」という役割があるとします。

では、お父さんに、お母さんの役割の「ご飯をつくる」に
どれくらいの責任があると思いますか?

私は100％だと思うんですね。
もしお母さんが病気になって、ご飯をつくれないとしたら
お父さんがなんとかしますよね。
自分の役割ではないけど、その責任は100％あるのです。

「役割」と「責任」は違います。

もし、責任がないとすれば
上司が悪い、お客様が悪い、会社が悪い、時代が悪い、国が悪い、と周りを責めることになります。
それではなにも変わりませんよね。

100%の責任があるとすれば
「自分にできることはないだろうか？」と考え
自分から変えていくことができます。

「自分」というものの範囲を広げ
多くのものを自分事として捉えるのです。

その方が、グチも不平不満もなく、気持ちよく生きられますよ。

Question: 76

他人事にしていたことはなんですか？

なんでも背負い込みましょう、という話ではないですよ。自分にも責任があると捉えると、関わり方が変わり、結果も変わりますよ、という話です。

第8章 「仕事」

お金を求めすぎると
お金は逃げていく。

「ありがとう」を集めると
お金も一緒にやってくる。

世の中で一番儲けている人って
どんな人だと思いますか?

私は、世の中で一番「ありがとう」と言われた人だと思います。
なぜなら、お金は「ありがとう」の結果だから。

「どうすれば収入が増えるだろう?」と考えがちだけど
「どうすれば喜ばせられるだろう?」と考える方が自然ですね。

では、どうすればたくさん喜ばせることができるのでしょう?

苦手なことよりも、得意なことをしましょう。
嫌いなことよりも、好きなことをしましょう。
誰でもできることよりも、あなただからできることをしましょう。

自分の大好き、得意を磨いていくといいですね。
それは、勉強であったり、資格であったり
時には、趣味や遊びであったりすることもあります。

自分のためではなく、目の前にいる人のため。
その想いや行動が、「ありがとう」や「お金」として返ってくる
のです。

仕事とは「自分らしい方法で、人を喜ばせて、対価を頂くこと」です。

Question: 77

もっと喜ばせられる自分になるため、なにができますか？

持っているもの、知っていることなどの「差」が、「ありがとう」の種です。

第8章 「仕事」

「なにを知っているか」よりも
「なにができるか」よりも
「あなた」という人に
もっとも大きな価値がある。

どんな人も、自分の中にある「なにか」を提供して
お金をもらっています。

もっともカンタンに提供できるものは「時間と労力」です。
でも、時間と労力は、あなたではなくてもいいので
あまりたくさんのお金はもらえないかもしれません。

次は「知識」です。
あなたが知っていることを教えて、お金をもらう。
これも今は難しくなってきました。
インターネットの普及で、あらゆる知識が簡単に手に入るように
なったので、知識だけでも多くのお金はもらえないかもしれません。

次は「経験」です。

知識と経験の違いは「知っている」か「やっている」か。

そこに、さらに「成功」が加われば「できる」に変わります。

成功体験は特別なものです。

あなたの「できる」を必要としている人は多いでしょう。

最後は「人」です。

人間性や、持っている夢、あり方や、考え方、人とのつながりなどで人を幸せにすることができます。

なにを提供してもいいのですが

自分にしかないものを探す意識を持つと

自分の価値が明確になっていき、より高めていくことができますね。

Question: 78

あなたが持っていて、周りの人が持っていないものはなんですか？

知識や経験、できること、そして人間性。人としての「差」が相手を喜ばせるための「種」になります。「差」を見つけて磨いていきましょう。

第8章 「仕事」

南国の花は
北国では咲かない。

あなたが咲ける場所で
咲こう。

深く深くひとつのものと向き合い続けるからこそ
たどり着けるところがあります。

今いる場所で、深く深く根をおろし
そこでできることを積み重ねていくことも大切。

でも
南国の花が北国では咲けないように
いくら根を張っても、花が咲かない場所だってあるのです。

あなたが、あなたのままで咲ける場に身を置くことも大切です。
仕事や職場を変えた途端にうまくいくこともあります。

自分が生まれ持った特徴を変えるのは
難しいし、もったいないこと。

深く根をおろしていく前に
そこが、自分にとって最適な場所なのかどうかを
しっかり見極めた方がいいですね。

あなたの特徴が短所ではなく長所として活かされる場所。
あなたが自然とできることで喜んでくれる人がいる場所。
ムリをしなくても自然と結果が出る場所。

「自分」が活かされる場所に、深く根をおろしていきましょう。

Question: 79

あなたがもっとも輝く場所はどこですか?

時には逃げることも大切ですよね。自分が死んでしまう前に。

第8章 「仕事」

楽しい仕事は
探し求めても見つからない。

「楽しい仕事」があるのではなく
「楽しめる人」と「楽しめない人」がいる
だけだから。

どんなに好きなことを仕事にしていても
時には、楽しくない仕事をしなくてはならない時もあります。

海外を旅している時に、砂漠のど真ん中でバスが故障しました。
次のバスが来るまで3時間。
ある人は、文句を言い続け、どんどん不愉快になっていきました。
ある人は、しかたないと開き直り、砂漠で遊び始めました。

「楽しい事」と「楽しくない事」があるのではなく
「楽しめる人」と「楽しめない人」がいるのです。

楽しめる人は、自分が楽しむためのスイッチを知っています。

「いかに速くやるかにチャレンジする」と楽しめる人。
「新しいやり方を生み出すことを考える」と楽しめる人。
「ワイワイと一緒に取り組む仲間がいる」と楽しめる人。
「コツコツ丁寧にやってキレイにまとまる」と楽しめる人。

「つまらない」を「楽しい」に変えるスイッチは人それぞれ。
自分の中の「楽しいスイッチ」を創っておくといいですよ。

そのためには、自分がどんな時にやりがいを感じるのか
どんな時に喜びや楽しみを感じるのかを知っておくといいですよ。

そのスイッチを入れられれば、どんな仕事も楽しめます。

Question：80

どんな時に、やりがいを感じますか?

周りの人の「楽しいスイッチ」も聞いてみましょう。
仕事を頼む時に頼みやすくなります。

100Q
Column: 8

コラム：その8

楽すると楽しいは違う。

「好きを仕事にした方がいい」とお話ししました。

勘違いをしないで欲しいのですが
好きを仕事にした方がいい理由は
好きなことだと
無理なく楽しく
自然と極めていけるからです。

好きを仕事にすると
「楽」ができるからではありません。

むしろ
楽しく生きていくことは
楽なことではないのです。
常識みたいなものに
巻かれていた方が安心で楽です。

でも、どんどん自分がなくなっていくから
楽しくはない。
痛みや悲しみ、理不尽さみたいなものからも
どんどん逃げていく方が楽です。
でも、逃げれば逃げるほど追いかけてくるし
乗り越えることに本当の楽しみがあったりします。

楽したいのか。
楽しく生きたいのか。
自分はなにを望んでいるのか。

そんなことを、もう一度考えてみたいですね。

Q1-10	Q11-20	Q21-30
Happiness	**Love**	**Dream**
「幸せ」	「愛」	「夢」
P19-41	P43-65	P67-89

Q31-40	Q41-50	Q51-60
Problems	**Money**	**Love myself**
「悩み」	「お金」	「自分を好きになる」
P91-113	P115-137	P139-161

Q61-70	Q71-80	Q81-90
Development	**Work**	**Relationship**
「自分を磨く」	「仕事」	「人間関係」
P163-185	P187-209	P211-233

Q91-100	
Everyday	**100 Questions**
「毎日」	
P235-257	

第9章

「人間関係」

どうすれば、
よりよい関係になりますか？

第9章 「人間関係」

人間関係は「鏡」

周りにいる人は
そのまま「あなた」を映している。

会社内でも家庭内でも友達関係でも
ちょっと一言言いたくなる時ってありますよね。

そんな時は一度深呼吸をしてみましょう。
その問題は、あなた自身のものかもしれません。

たとえば
新しくピンク色のバッグが欲しくなると
街中にあるピンク色のバッグが目につくようになります。
これまでも今も、街中にあるピンク色のバッグの数は変わらないのに急にたくさんあるように見えますよね。

人は目で見ているのではなく、心で見ているのです。
だから、意識すると急に見えるようになります。

人間関係も同じ。
今、そこになにかしらの問題が見えているということは
それをあなた自身が気にしているということ。
もしくは、あなたの中にも同じ問題があるのかもしれません。

「もっと優しくしてよ！」と思う時には
あなたが優しくできていないのかもしれません。
そして、それを無意識のうちに理解しているのです。

相手に変化を求めてしまう時は、あなたが変わるべき時なのかもしれません。
まずは、自分自身を見つめ直しましょう。

Question：81

周りの人に一言言いたいことはなんですか？

それをそのまま自分へのアドバイスとして受け取ってみよう。

第9章 「人間関係」

自分が幸せになるために
みんなから奪っていないだろうか。

幸せは
心の奥から湧き出てくるもの。

あなたの心のグラスは、どれくらい満たされていますか？

多い時も少ない時もあって自然なのですが
大切なのは、そのグラスを「どうやって満たすか」ということ。

「褒められたら……」
「愛されたら……」
「スゴイと言われたら……」

このように「他人」に満たしてもらう方法もあります。
しかし、これだといつ満たされるかわからないし
期待するものがいつも注がれるとも限りません。

もっとも大きな問題は、相手に期待をしてしまうことです。

あなたがいつも「満たしてほしい！」と思っていると
周りの人は、いつもあなたから奪われることになります。
会う度に、なにかを奪われる関係はツライですよね。

心のグラスは自分で満たしていくものです。
注がれるというよりは、湧き水のように下から湧き出てくる感じ。

自分が欲しいものは、自分が知っているはず。
自分を大切にすることで、心のグラスを満たしていきましょう。

Question: 82

自分の心のグラスをいっぱいにするために なにができますか？

はじめは、おいしいものを食べるとか、旅をするとかでもいいのですが、できればなにかに頼らなくていい方法も考えましょう。仕事をするだけで満たされる。家族といるだけで満たされる。人生を整えていくとそんな状態にもなれますね。

第9章 「人間関係」

そもそも人はあなたの思う通りには動かない。

勝手に期待するのはやめよう。

今、マラソンを走っているとイメージしてください。

優勝したいなと思っても
自分でコントロールできることと、できないことがあります。

コントロールできないことは
「天気や気温」「走るコース」「相手選手の動き」「観客の応援」「練習不足(過去)」「優勝すること(未来)」などなど。

コントロールできることは3つしかありません。
「今」と「ここ」と「自分」だけです。

「過去や未来」も「遠く」も「他人」も、動かすことはムリです。

どんな時にも、私たちにできることは
「今、ここで、自分がどうするか」だけなのです。
あとは、影響を与えることしかできません。

苦手な人がいれば、こちらから声をかけて歩み寄る。
相手を責めるのではなく、自分にできることを考える。
話を聞いてくれない人がいるなら、まずこちらが聞く。

今、ここで、自分ができることを考え、やり続けましょう。

Question: 83

今、ここで、あなたができることはなんですか？

コントロールすることはできないけど、影響を与えることはできます。「やる気をだして！」はコントロールだから難しいかも。あなたが一生懸命な姿を見せると、周りも自然とやる気になるかもしれません。

第9章 「人間関係」

どんな話も 「いいね!」と聞くだけで 人間関係は劇的によくなる。

人間関係を劇的によくする方法があります。

それは、受け取ること。
つまり、相手の話を「聞く」こと。

どんな話でも、まずは一度「いいね!」と受け止めることです。

あなたにも「わかってほしいな」と思う時がありますよね。
ということは、相手も同じ気持ちなんです。

人には「認められたい」という深い欲求があります。
SNSが流行る理由も「いいね!」にあるのかもしれませんね。

まずはわかってあげる。
そうすることで、こちらの話もしやすくなりますね。

意見が違う場合も
まずは一度、「いいね」と受け止めて
「私はね……」と話すだけでいいのです。

コミュニケーションのキャッチボールは
投げることからではなく
受け取ることから始めてみましょう。

Question：84

聞き上手な人の共通点はなんですか？

あなたもそれをマネしてみよう！

第 9 章 「人間関係」

「ダメだ！」と
可能性をつぶしてしまわないように
自分の世界を広げておこう。

「これじゃないとダメだ」
「これはこうあるべきだ」
そんな「正解」や「こだわり」が自分の中で増えるほどに
人生は窮屈になります。

逆に
「これでもいいかも」
「それもありだね」
となれば、選択肢が増えて、人生は自由になります。

「これじゃないとダメだ」から
「どれもいいけど、今はこれがいい」になるには

自分と違うものをどんどん受け止めることです。

自分とは違う考えにぶつかった時
「それは違うよ」と言えば、それで終わり。

「お！ そんな考えもあるんだ！」と楽しむことができれば
あなたの世界はどんどん広がっていきます。

**目の前に、考え方や価値観が違う人がいるからこそ
どんどん成長していけますね。**

Question: 85

どうすれば、自分の世界は広がりますか？

「いいね！」「おもしろいね！」を口ぐせにすると、違う意見も楽しめるよう
になりますよ！

第9章 「人間関係」

どちらが正しいか
という話をするから
ケンカになる。

なぜなら
あなたも相手も
いつも正しいから。

桃太郎さんが鬼退治に行きました。
奪われた財宝は取り戻せて、村人も喜んだことでしょう。

しかし、鬼からすると、桃太郎は「悪者」です。
酒盛りをしていたら、急に襲われて、財宝を奪われて……
生き残った鬼の子は、また復讐をすることでしょう。

これでは争いが終わることはないですよね。
なぜなら、どちらも自分が「正しい」と思っているから。

「正しい」は立場がつくります。
人の数だけ「正しい」もあるのです。

あなたは、いつも「正しい」
しかし、それはあなたにとっての正しいであって
相手の正しいとは違うのです。

正しいをぶつけ合うとケンカになります。
正しいを認め合うと、お互いのいいところを持ち寄った
ふたりの「正しい」を創ることができます。

あなたは、これまでもこれからも、充分に「正しい」。
これからは相手との「正しい」を創っていきましょう。

Question：86

あなたの中には
どんな「正しい」がありますか？

あなたが仕事や人生、家庭の中で大切にしていることを書き出してみるといいですよ。それらは全部、あなたにとっての正しいであって、みんなの正しいとは違うかもしれませんね。

第9章 「人間関係」

愛されたいなら、愛する。
応援されたいなら、応援する。

よくも悪くも
あなたが周りに投げたものが
返ってくる。

壁に向かってボールを投げているとします。

サッカーボールを投げるとサッカーボールが返ってきます。
野球ボールを投げると野球ボールが。
あなたが投げたものが返ってくるのです。

速く投げると速く返ってくるし
優しく投げると優しく返ってきます。

人間関係もまったく同じ。
あなたが投げたものが、投げた感じで返ってきます。

愛を投げると、愛が返ってくるし
怒りを投げると、怒りが返ってくるのです。

投げていないボールが出てくることはありません。
先に投げないと返ってこないのです。

愛されたいなら、愛するといいです。
応援されたいなら、応援する。
優しくされたいなら、優しくする。

自分が欲しいものこそ
求めるのではなく、与えるのです。

Question: 87

今、あなたが欲しい気持ちはなんですか？

それを人に与えてみましょう。いつも幸せは先払いなのです。

第9章 「人間関係」

歯車の一部になるからこそ
もっと豊かに生きていける！

回される歯車ではなく
一緒に回す歯車になろう。

若いころは、社会の歯車になりたくない！と思っていました。

でも、人はひとりでは生きていけないんですよね。

蛇口をひねれば、水が出てくることも
レストランに行けば、ご飯が食べられることも
今、身の回りにあるすべてのものは
どこかで誰かががんばってくれたから
私たちはそれをカンタンに受け取ることができるのです。

みんなが、それぞれの得意なことを持ち寄って
支え合って生きているんですね。

きっと「歯車になる」というのはそういうこと。

歯車になって「回されている」なら、それは不自由です。

歯車になって「一緒に」回す。
自分が好きで得意なことをやって、お互いに支え合う。
そんな気持ちが大切なのかもしれません。

ひとりだと、苦手なこともやらないといけないけど
みんながいれば、好きなことだけやっていればいいかもしれません。

「人はひとりでは生きていけない」のではなくて
「人はひとりでは生きていかない方がいい」のです。

Question: 88

ひとりではできないことはなんですか？

ひとりでできることの方が少ないですよね。それが本当にわかると、感謝
の気持ちが大きくなり、人間関係もよくなります。

第9章 「人間関係」

ご縁は「広げる」ものではなく「深める」もの。

会社を始めたころ
仕事が欲しくて、せっせと異業種交流会に参加して
とにかくご縁を広げよう!と、たくさん名刺交換をしました。

名刺フォルダはどんどんいっぱいになるのですが
なかなか仕事になっていきません。

そんな時、ふと友達からある人を紹介してもらいました。

ゆっくりお酒を飲みながら、お互いのことを語り合ったところ
とっても仲よくなって、友達になったんですね。

その彼から、仕事の依頼をもらったり
他のお客様を紹介してもらったりしたんです。

ご縁は「広げる」と薄まるので、なにも始まりません。
ご縁は「深める」と濃くなり、次のなにかが始まります。
結果として、ご縁も広がっていきます。

ご縁は「広げる」ものではなく「深める」もの。
今、目の前にいる人とのご縁を深めてみましょう。

Question : 89

ご縁を深めるためになにができますか？

大切にしたい人リストをつくってみるのもいいですね。リストの数を増やす
のではなく、深めることをしましょう！　会いたいなと思う人に会いに行く
のもいいと思います。

第9章 「人間関係」

愛の言葉は
幸せを生み出す
カンタンな魔法。

「ありがとう」

「あなた」の心の中にある気持ちを
口に出して伝えることで
「ひとり」のものから「ふたり」のものになります。

口にするだけで
相手も幸せな気持ちにすることができます。

とてもカンタンにすぐできる
幸せを増やす方法ですね。

関係が深くなってくると
いちいち口にしなくてもわかるだろうとなりがちです。

でも関係が深くなっているからこそ
ちゃんと気持ちを伝え合い、幸せを増やし合いたいですね。

「ありがとう」は相手のためでもあり、自分のためでもありますね。

ありがとう！ お疲れ様！ ステキだね！ 助かったよ！
とてもいいね！ 嬉しいな！ ワクワクするね！ 愛してるよ！

愛の言葉をたくさん投げかけましょう。

Question：90

誰に、どんな気持ちを伝えたいですか？

ぜひ、それを伝えてください。自分が与えたものが返ってきます。
愛の循環ですね。

100Q
Column: 9

コラム：その9

自分らしくは恐い。

自分らしく生きていくのは
ちょっと恐いことかもしれません。

今までは、「みんなと一緒」だったので
ひとりぼっちになることもないし
仲間はずれになることもありません。

とっても安心です。

でも、それだと窮屈さを感じているのも事実ですよね。

その小さなズレが
あなたを本当の幸せから遠ざけているのです。

よく考えてみてください。

あなたが大切にしたいことは
あなたが大切にすればいいだけです。

別に賛同者がいなくてもいいですよね。

あなただけで完結する話なんだから。

間違っているかな?と不安になることもあるかもしれません。
でも、なにを正解として、なにを不正解とするかも
あなたが決めることなのです。

他人の声ではなく
理想の未来、本来の自分の声を聞いていきましょう!

Q1-10
Happiness
「幸せ」
P19-41

Q11-20
Love
「愛」
P43-65

Q21-30
Dream
「夢」
P67-89

Q31-40
Problems
「悩み」
P91-113

Q41-50
Money
「お金」
P115-137

Q51-60
Love myself
「自分を好きになる」
P139-161

Q61-70
Development
「自分を磨く」
P163-185

Q71-80
Work
「仕事」
P187-209

Q81-90
Relationship
「人間関係」
P211-233

Q91-100
Everyday
「毎日」
P235-257

100 Questions

第10章

「毎日」

今日は、どんな1日にしますか？

第10章 「毎日」

幸せな人は
幸せを見つけるのが上手。

不幸な人は
不幸を見つけるのが上手。

ただそれだけ。

毎日、いろいろなことが起こります。
いいことも、そうでないことも。

幸せな人も、そうでない人も
毎日起こる出来事は
そんなに変わらないのです。

幸せな人は
幸せを見つけるのが上手だから
いつも幸せを感じられるんですね。

幸せ探しのコツは

「なにかいいことあった？」ではなく
「どんないいことがあった？」と問いかけること。

「いいこと」はある前提なのです。

そんな目線を持って毎日を過ごすと
普通だと思っていた毎日が
「いいこと」で溢れていることに気づけますし
いいことを創りだそうとする気持ちにもなりますね。

「幸せ感度」を高めていきましょう。

Question: 91

今日は、どんないいことがありましたか？

毎日3つずつノートに書くといいですよ。
幸せ感度が高くなっていきます。

第10章 「毎日」

影ばかり見ていると
そこにある光に気づけない。

影のそばには
必ず光がある。

人は「欠けている」に目が行きやすいという習性があるので
なにかの仕事が終わると反省会をするし
自分や他人のダメなところに目が行きがちです。

これは人の本能みたいなもので
悲しいことや危ないこと、つらいことは
できれば避けて通りたいので
よく見えるようになっているのです。

無意識でいると
私はダメだ……。
あの人はダメだ……。

今日はダメだ……。
と、ダメなところに目が行きがちです。

問題は
ダメなところに目が行くと
いいところが隠れてしまい見えなくなることです。

ダメなところを改善するという成長もありますが
いいところをもっと伸ばしていくという成長もあります。
いいところを伸ばす方が、自然と成長していけますよ。

いいところにも目を向けてみましょう。
小さな自信も生まれてきますよ!

Question: 92

今日、うまくいったことはなんですか?

さらに「どうすれば、もっとうまくいくだろう?」と考えると、次にすべきこと
も見つかりますよ。

第10章 「毎日」

誰も見てない「素振り」が確実にあなたを磨いている。

時に、周りの人と比べたり
理想の自分と比べたりして
焦ったりすることがありませんか?

同じような毎日を過ごしていると
こんな毎日になんの意味があるのかと
投げ出したくなる時もあります。

でも
人生って、なにもしていないのに
急に花が咲くなんてことはないですよね。

長い冬の間に
今できることを積み重ねているからこそ
春がきたら一気に咲けるのです。

いつか咲く日のために
毎日を積み重ねていきましょう。

毎日の中でできることは
なるべく多くの小さな成功と
なるべく多くの小さな失敗を積み重ねること。

その数がふさわしいところまで達した時に
自然と花が咲くのです。

Question：93

今日は、なにを積み重ねましたか？

実際に積み重ねることも大切なのですが、それよりも「積み重ねようと意識すること」が大切です。この意識ひとつで、同じ毎日も「こなす」ものではなくなります。

第10章 「毎日」

自分の幸せを
他人に委ねるな。

幸せは自給自足するもの。

自分の幸せを他人の手に委ねてはいけません。

他人の手に委ねると
嫌われることを恐れたり
仲間はずれにならないように一生懸命になったり
他人の目を気にしたりするようになります。

幸せは自給自足するもの。
どんな時も、あなたを幸せにするのは、あなたなのです。

「今日もステキだよ!」
「今日もありがとう!」と

言われて嬉しい言葉を自分に投げかけるのもいいでしょう。

「行きたかったランチのお店に行ってみよう！」
「帰りに好きな花を一輪買って帰ろう」
そんな小さな幸せを創るのもいいでしょう。

「あの仕事を終わらせよう！」
「ちょっと遠回りして歩いて帰ろう！」
小さな目標を創ってみるのもいいかもしれません。

「こんなイヤなことがあるかも……」と始まる1日と
「こんないいことがあるかも！」と始まる1日では
気持ちが大きく違いますよね。

**自分自身を「機嫌のいい状態」にしておくと
いろいろな幸せが舞い込んできます。**

Question: 94

今日は、どうやって自分を幸せにしますか？

毎朝、起きる時に、自分に問いかけてから、1日を始めるといいですね。
清々しい気持ちでスタートできますよ。

第10章 「毎日」

考えることをやめるから
どんどん自分がなくなっていく。

毎日の暮らしの中では
自分よりも、会社やお客様、家族などを優先すべきことも
たくさんありますよね。

でも、いつもいつも他人を優先していると
次第に自分で考えることをやめてしまいます。

どうせ自分の想いが通らないのなら
変に考えることをやめてしまって
素直に従うだけのロボットでいる方が楽だからです。

こうして「自分」はどんどんなくなっていきます。

それは、とてももったいないこと。

今は、あなたの意見や価値観は通らないかもしれません。
でも、どうか自分の「意思を持つ」ことをやめないでください。

「私なら、どう思うか」
「私なら、どうするか」を考え続けてください。

今は、大切にされなくても
見えないところでそっと磨いておけばいいのです。

磨いたものは必ず役に立つ日が来ますから。

Question: 95

飲み込んでいる想いはなんですか?

発言しなくてもノートに書き出すだけでもいいですよね。
スッキリします。

第10章 「毎日」

ときどき立ち止まって
顔をあげてみよう。

今歩いている道は
本当に歩みたかった道なのか。
大切なことは
ちゃんと大切にできているのか。

毎日は忙しく、あっという間に過ぎていきます。

きっと、このペースだと
一生もあっという間ですね。

忙しくなると
顔が下がってきて足元ばかりを見るようになります。

ときどき立ち止まって
顔をあげて
周りを見渡して

「道は間違っていないか」
「本当に、この道でいいのか」
「大切にしたいことは大切にできているか」
「このペースでいいのか」

そんなことをゆっくりと見つめ直したいですね。

ムダな時間があるからこそ
生まれるものもたくさんあります。

急ぐ時ほど「自分自身」との時間を約束して
立ち止まってみましょう。

Question：96

見失っているものはなんですか？

立ち止まった時には、少し高い位置から全体を見るといいですね。
「自分」ではなく「みんな」、「今」ではなく「未来も」、「ここ」ではなく「広
い範囲」をイメージしてみましょう。より深いことに気づけます。

第10章 「毎日」

なりたい自分を演じよう。
いつの間にか、それが自分になる。

どんな自分になりたいですか？

「優しい自分になりたい！」と願ったとしても
ある日、朝起きたら「優しくなっていた」なんてことはありません。

青い空が、徐々に夕焼け空になり、星空になっていくように
徐々に変わっていくのです。

優しい自分になりたかったら
まずは、優しい自分を演じてみるといいですよね。

今までの私だったらやらないけど

優しい私だったら、きっと「大丈夫?」って声をかけるかな。
じゃあ、やってみようと。

はじめは慣れないかもしれません。
でも、演じているうちに、だんだんとそんな自分が普通になってきます。

今のあなたは「こんな自分でいたい」と創り上げてきたもの。
同じように「これからの自分」も自由に創ることができます。

「最高の私なら、どうするだろう?」
そう自分に問いかけながら、未来を先取りしましょう。

Question: 97

最高の私は
どんな1日を過ごすと思いますか?

「最高の私」が見つからない時は、人に会ってみるといいですね。あの人のこんなところをマネしよう!と見つかっていきます。また、一気に変えようとすると疲れて続かないので、ひとつひとつ丁寧にやっていくことが大切ですよ。

第10章 「毎日」

他人の「いいね！」を気にするから いつも迷うことになる。

心はいつも なにがいいか知っている。

食事やホテルを探す時や
SNSなどの記事を読んだりする時など
他人の「いいね」が気になります。

「いいね」の多い記事は、いかにも正論のように見えますし
口コミのいいお店は、いいお店のような気がします。

たしかに「多くの人に支持されている」のかもしれません。

しかし、みんなの「いいね」が
あなたにとっても「いい」とは限りませんよね。

誰がなんと言おうと
いいものはいいし、よくないものはよくない。

いいかどうかを感じるのは、あなた。
他人ではなく、自分に素直に物事を選んでいきましょう。

大切なことは「自分」で決めることです。

自分の感覚を頼りに決断を繰り返していると
好みや大切なことが、どんどんはっきりとしてきます。

自分の心と頭をつなぐパイプが太くなってくると
毎日にも、人生にも、迷うことなく 自分にとって最高の決断が
できるようになりますよ。

自分の人生、自分を大切に生きていきましょう！

Question：98

あなたの「好き」はなんですか？

人、物、場所、行動、いろいろな「好き」を書き出してみましょう。
100個あると、自分が見えてきますよ。

第10章 「毎日」

どんな時も
鏡は先に笑わない。

幸せだから、笑う。
笑うから、幸せ。

いいことがあったから、いい気持ち。
いい気持ちだから、いいことがある。

豊かだから、与える。
与えるから、豊かになる。

愛されるから、愛する。
愛するから、愛される。

若いから、チャレンジする。
チャレンジするから、若い。

お金の不安がないから、好きなことをする。
好きなことをするから、お金の不安がない。

うまくいきそうだから、一歩を踏み出す。
一歩を踏み出すから、うまくいく。

幸せを創るのは、いつも自分の一歩からですね。

Question：99

まず、自分からできることはなんですか？

気持ちを変えるのは大変ですが、行動はすぐ変えられます。
行動が変われば、気持ちも変わります。
落ち込んだままスキップはできないですよね。

第10章「毎日」

出逢いの数だけ
小さな思い込みが壊れていく。

そして
どんどん自由になっていく。

雨の日が嫌いでした。
ジトジトするし、なんか憂鬱な気持ちになるから。

海外を旅していた時のこと
ひとり旅をしていた外国人のお婆さんが
マーケットでお気に入りの傘を買ってきて
みんなに自慢していました。

数日後の雨の日。
傘をさして、鼻歌まじりのスキップで街に出ていくその人を見て
「あ、雨もいいな」と思ったのでした。

新しいものとの出逢いが、自分の枠を壊して
自由にしてくれます。

オススメなのは
毎日「やったことないことをひとつしてみる」ことです。

駅から家まで違う道で帰る。
行ったことのないカフェに行ってみる。
読んだことのないジャンルの本を読んでみる。

そんなカンタンなことでいいのです。
毎日1個、やったことないことをすれば
毎日1個、世界が広がっていきます。
あなたの選択肢もどんどん増えていきます。

Question: 100

今日は、どんな新しいことをしますか？

自分の「違う」ものに触れてみることで、「そんなのもありなんだ！」と自分
の枠はどんどん壊れますし、違うものに触れることで、より深く自分を知る
ことにもなりますよ！

100Q
Column: 10

コラム：その10

三日坊主をやめるには？

こうして本を読んだり、人と会ったりすると
刺激を受けますよね。

今日から、私も自分らしく生きていこう！ と決意したりします。

でも、残念なことに
多くの場合、三日坊主で終わってしまって
あの熱はなんだったんだ……となりがちですよね。

そんな経験ないですか？

これを打開する効果的な方法が
「毎日、会話をする人を変える」です。

人は、毎日話をする人から、多くの影響を受けます。
よく話す人5人の平均値が、あなたなのです。

毎日話す人を変えてみましょう。
こんな人になりたいなと思う人と、たくさん話をすればいいのです。
そうすると、いつのまにか自然と、なりたい自分に近づけますよ。

道に迷ったら
また自分の心に問いかけてみよう。

進む道はいつも
自分の中にある。

この本には、たくさんの「想い」を書かせて頂きました。

どの想いも、様々な壁にぶつかったり、くじけそうになったりしながらも
自分らしく生きることを諦めることなく
私自身の人生を通して見つけてきた「宝物」のようなものです。

次は、あなたがあなたらしく生きていくための「宝物」を見つけていく番
です。
この本で紹介してきた100個の質問に答える度に、本当の自分と出逢え
ます。

また、道に迷った時には、誰かの声に耳を傾けるのではなく
自分に問いかけ、自分の心の声を聞いてあげてくださいね。

私も、たくさん自分に問いかけて、自分を磨いていきます。
いつかどこかで、お互いの「宝物」を見せ合えるといいですね。

Q：あなたは、なにを大切に生きていきますか？

この本のまとめとして、あなたがこれからの人生を歩んでいく上で大切にしたいことを書き出してみましょう。10箇条くらいになっているといいですね。

人生は、「こなす」には長すぎます。
前向きに、自分の人生を創っていきたいですね。

誰もあなたを止める人はいません。
自由なのです。

もう言い訳はやめて
あなたらしく、自分を大切に、最高の人生を歩んでいってくださいね。

最後になりましたが
この本をあなたの元に贈るために、多くの人に支えて頂きました。

私の想いを本にしてくださった滝本洋平さん、高橋実さん、高橋歩さん。
大切なことを気づかせてくださるお客様おひとりおひとり。
一緒に切磋琢磨してくれる仲間や友人たち。
質問の楽しさだけでなく、生き方を示してくださるマツダミヒロさん。

そして、こうして手にとってくださったあなた。

心から、ありがとうございます。

河田真誠　Shinsei Kawada

教えるのではなく質問をすることで、問題を解決し理想の未来に導いていく『質問の専門家』。「らしく輝く」をテーマに活動をしていて、一方的に教えるのではなく、参加者に質問をして、自らの個性や答えを引き出していくスタイルが「分かりやすい」「腑に落ちた」「すぐに行動できる」と好評。コンサルタントや研修講師として、ホテル、飲食店、エステ、整体、美容室、製造業、保険、建築など様々な業界業種に関わり、その会社にいる人たちの手で業績が改善していくサポートをする。また、働き方、夢の叶え方、生き方などの講演やイベントなども行い、これまでに10万人以上の人生に影響を与えてきた。年間の活動件数は全国で200件以上。お客様の8割が女性。著書に『革新的な会社の質問力（日経BP社）』（日本、韓国、台湾で発売）がある。

[official web site] http://shinsei-kawada.com

私らしく　わがままに　本当の幸せと出逢う 100の質問

2018年5月18日　初版発行

著者　　河田真誠

編集　　滝本洋平
デザイン　高橋実

印刷・製本　　中央精版印刷株式会社

発行者　　高橋歩

発行・発売　　株式会社A-Works
〒113-0023 東京都文京区向丘 2-14-9
URL : http://www.a-works.gr.jp/　E-MAIL : info@a-works.gr.jp

営業　　株式会社サンクチュアリ・パブリッシング
〒113-0023 東京都文京区向丘 2-14-9
TEL : 03-5834-2507　FAX : 03-5834-2508

本書の内容を無断で複写・複製・転載・データ配信することを禁じます。
乱丁、落丁本は送料小社負担にてお取り替えいたします。

ISBN978-4-902256-83-3
©SHINSEI KAWADA 2018

PRINTED IN JAPAN